Visualizing the News
Innovation and the Future of Digital News Production

可视化新闻
数字新闻生产的创新与前瞻

徐蓓蓓　陆　晔　主编

陆　晔　尤莼洁　肖书瑶　李彤彤　李梦颖　著

复旦大学出版社

本书为教育部人文社会科学重点研究基地重大项目"数字移动时代的都市民众媒介行为与地理空间：基于跨数据平台和信息可视化"（项目批准号：17JJD860001）成果，同时得到复旦大学新闻学院第四批新媒体系列项目"平台化与审美公众：公共传播视角下的媒介娱乐研究"支持。

目录

绪　论　在数字移动时代理解可视化新闻 　001
　　一、可视化对复杂信息的解释　　004
　　二、可视化成为获奖新闻作品主流　　006
　　三、可视化与数字新闻生产创新　　020

第一章　可视化：从点缀文字到核心叙事 　023
　　一、可视和可视化　　025
　　二、可视化的历程和意义　　027
　　三、文化可视化和可视化文化：变化正在发生　　031
　　四、可视化新闻的关键特征　　046

第二章　实时追踪：新冠疫情的可视化新闻 　051
　　一、通过可视化新闻理解疫情　　053
　　二、用疫情统计外的数据挖掘新的新闻故事　　074
　　三、LBS新闻应用服务公众　　083
　　四、新冠疫情中更多可视化新闻创新　　087

第三章　重返历史现场：建党百年可视化新闻 　099
　　一、结构化数据勾勒百年奋斗历程　　101

二、非结构化数据呈现时代万千气象　　　　　　　　107
　　三、通过可视化重返历史现场　　　　　　　　　　　112
　　四、前沿影像技术运用　　　　　　　　　　　　　　118

第四章　拓展新闻边界：可视化互动游戏　　　　　127
　　一、剧情类游戏　　　　　　　　　　　　　　　　　129
　　二、测试类游戏　　　　　　　　　　　　　　　　　134
　　三、竞技类游戏　　　　　　　　　　　　　　　　　136
　　四、定制类游戏　　　　　　　　　　　　　　　　　144

第五章　大版面：技术融合时代传统纸媒的可视化　155
　　一、以可视化呈现为重心的数据新闻　　　　　　　　157
　　二、信息图：大量可视化元素展开叙事　　　　　　　163
　　三、趣味性插画　　　　　　　　　　　　　　　　　174
　　四、数字媒体与纸质媒体的创新结合　　　　　　　　182

第六章　可编程世界和虚拟可导航空间：数字新闻未来　191
　　一、可编程世界的可视化新闻：数字移动适配的新闻叙事　193
　　二、滑屏和感官沉浸：可编程世界与情感公众　　　　218
　　三、虚拟可导航空间：理解数字新闻创新的一个中观概念　225
　　四、NFT、元宇宙与数字新闻未来　　　　　　　　　247

绪 论

在数字移动时代理解可视化新闻

信息与传播技术（ICT）革命和基于移动互联网的社交媒体迅速发展，极大地冲击了大众媒介时代新闻编辑部的专业理念和工作常规，数据新闻、黑客、开源代码进入过往以编辑记者为核心的新闻编辑部（Usher，2016），传统新闻业日益成为初创公司，围绕新闻生产流程再造、新闻产品创新、新闻触达渠道与算法、人工智能、机器学习、软件创新结合的一系列新闻创新，成为机构化、组织化新闻生产面对数字环境必须做出的回应（Usher，2014）。

本书是教育部人文社会科学重点研究基地重大项目"数字移动时代的都市民众媒介行为与地理空间：基于跨数据平台和信息可视化"（项目批准号：17JJD860001) 课题组与解放日报·上观新闻数据新闻中心的合作成果。在前期基于当下中国社会丰富的新媒体实践所进行的扎实的经验研究基础上，我们将可视化集中在以可编程世界和虚拟可导航空间作为核心概念统摄的可视化新闻领域。创新之处在于，第一次完整系统地梳理了数字移动时代可视化新闻中国本土经验，选择典型案例，以四个专题——实时追踪的新冠疫情可视化报道、建党百年以视觉重返历史现场的可视化新闻、可视化互动游戏对数字新闻生产边界的拓展、技术融合时代传统纸媒可视化大版面——展开详尽分析，尤其针对不同类别可视化新闻作品的结构化和非结构化数据的使用、H5在手机移动端的适配、AR和VR等新的视觉技术在短视频中的融合运用等，进行了充分的讨论。同时，本书高度关注可视化新闻及相关领域的国际前沿发展，呈现极为丰富的视觉内容。从大量不同类别、不同技术支撑的优秀可视化新闻作品，尤其是中国本土优秀作品的视觉展示，到通过超链接和二维码等可供读者直接链接到本书这一具体文本之外虚实相嵌的广阔互联网世界的书写方式，也恰是本研究的创新之处——是可编程世界和虚拟可导航空间不仅作为理论概念而且作为实践原则，在学术文本生产中的具体体现。

一、可视化对复杂信息的解释

2020年3月,《华盛顿邮报》(The Washington Post)一篇关于新冠疫情的可视化报道①,以动画模拟解释病毒的传播模式及保持社交距离对于"压平增长曲线"的作用(见图0-1),被业界公认为是迄今为止关于新冠病毒传播过程最清晰易懂的解释,真正影响和改变了公众对于病毒传播速度与保持社交距离重要性的理解。该文后来被翻译成13种语言,并成为《华盛顿邮报》历史上点击量最高的新闻报道,包括美国前任总统奥

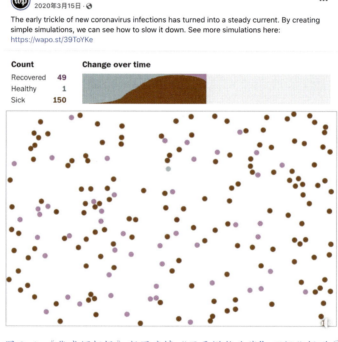

图0-1 《华盛顿邮报》新冠疫情"压平增长曲线"可视化报道②

---

① "Why outbreaks like coronavirus spread exponentially, and how to 'flatten the curve'," *The Washington Post*, March 14, 2020, accessed May 17, 2021, https://www.washingtonpost.com/graphics/2020/world/corona-simulator/.
② 为符合出版规范,本书个别图片引用时有改动,特此说明。

巴马、"拉丁天后"夏奇拉等数千名流网红在社交平台上用这则报道讲述完全不控制病毒、强制隔离和保持社交距离三种情况下病毒传播的速度与范围并强调保持社交距离的有效性,甚至委内瑞拉总统马杜罗也在当地国家电视台新闻节目中分享了这则报道。图表记者(graphics reporter)哈里·史蒂文斯(Harry Stevens)凭借该报道斩获 2020 年霍华德卓越创新新闻奖。在有近 200 万订户的《华盛顿邮报》YouTube 频道,哈里·史蒂文斯在"如何成为一名记者"专栏里称:"我们没有尝试在现实世界中模拟新冠疫情传播的所有复杂性和并发症,而是选择制造一种被称为 simulitis 的假疾病。它非常简单,每当一个患者接触到一个健康的人,这个健康人就会生病,我们也假设每个患者都会康复。当然,它与新冠疫情的真实情况不同,但这样能让这个模型更简单且一目了然。在我们的模型里,每个圆点都代表一个人。第一个模拟是 200 个圆点的社区,每个圆点都以相同的速度移动,其中一个圆点患病,你会看到仅仅通过随机移动和随机交互,疾病在整个社区中传播得飞快;第二个模拟是强制隔离,表面上看隔离区之外的圆点都很幸运不会染病,但当代表隔离的那堵墙慢慢打开时,病毒传播或可再度发生,这也是强制隔离在现实中最难执行的部分,后勤保障的挑战非常大;第三个模拟是'保持社交距离',没有强制隔离的围墙,只需要这 200 个圆点的社区里有四分之三的人保持静止不动,仅仅四分之一的圆点随机移动,这时候你会发现病毒的传播忽然减缓很多,如果再增加静止不动的圆点,病毒的传播几乎可以停滞。这意味着如果政府相关部门通过暂停体育赛事、音乐会等方式减少人们在公共场所聚集的机会,病毒传播速度就会减弱。"①

哈里·史蒂文斯说,他也曾只专注于文字工作,直到他攻读硕士学位,修读了一门关于数据可视化的课程,发现可以用如此令人兴奋和有趣的图

---

① "How an outbreak spreads and what it takes to 'flatten the curve' | How to be a journalist," The Washington Post-YouTube, March 25, 2020, accessed December 5, 2021, https://www.youtube.com/watch?v=dxjJ_Z2Vg4Y.

形方式传递如此复杂的信息，就开始对这个领域上瘾起来①。

可视化成为获奖新闻作品主流

近年来，基于互联网传播的优秀数字新闻作品都包含或多或少的可视化元素，新闻类国际大奖也常见可视化报道位列其中，包括2017年普利策公共服务奖、2018年普利策国际报道奖，都颁给了基于数据可视化的新闻作品（Risam，2019）。2021年获普利策新闻奖解释性报道奖的路透社团队，通过对美国联邦法院案件的开创性数据分析，对"合格豁免"（qualified immunity）这一晦涩的法律原则及其如何保护过度使用武力的警察免受起诉进行了详尽的研究。获奖的四则新闻报道"Supreme defense"（《最高防卫》）、"Wrong place，wrong time"（《错误的地点，错误的时间》）、"Dueling Rights"（《决斗的权利》）、"Color of suspicion"（《怀疑的颜色》）除文字和图片的案例梳理外，最核心的论据是对美国联邦法院公开案件的数据分析和可视化呈现（见图0-2），包括2015—2019年252个案件中上诉法院确定是否对被指控过度使用武力的警察给予豁免的流程、2005年以来529个案件中联邦上诉法院如何对待合格豁免权的重大差异等，还有公共区域监控摄像头和警方执法仪视频片段及相关现场模拟②。

---

① "How an outbreak spreads and what it takes to 'flatten the curve' | How to be a journalist," The Washington Post-YouTube, March 25, 2020, accessed December 5, 2021, https://www.youtube.com/watch?v=dxjJ_Z2Vg4Y.
② "2021 Pulitzer Prizes-Journalism," The Pulitzer Prizes, accessed December 5, 2021, https://www.pulitzer.org/prize-winners-by-year/2021; "Supreme defense," Reuters, March 8, 2020, accessed October 5, 2021, https://www.reuters.com/investigates/special-report/usa-police-immunity-scotus/; "Wrong place, wrong time," Reuters, August 25, 2020, accessed October 5, 2021, https://www.reuters.com/investigates/special-report/usa-police-immunity-variations/; "Dueling rights," Reuters, November 20, 2020, October 5, 2021, https://www.reuters.com/investigates/special-report/usa-police-immunity-guns/; "Color of suspicion," Reuters, December, 23, 2020, accessed October 5, 2021, https://www.reuters.com/investigates/special-report/usa-police-immunity-race/.

绪论　　在数字移动时代理解可视化新闻

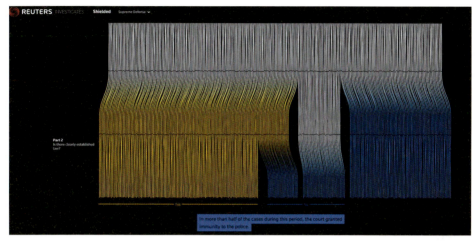

（a）

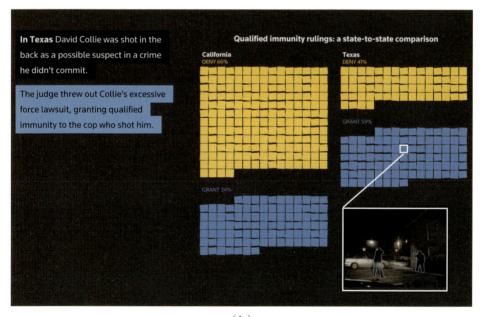

（b）

图 0-2　路透社有关"合格豁免"保护过度使用武力的
　　　　 警察免受起诉的数据可视化报道

2021年5月，第42届世界新闻设计大赛（The 42st Edition Creative Competition: Best of Digital Design）评选结果揭晓①。这项极具权威性的新闻设计领域全球性赛事，由国际新闻设计协会（Society for News Design，简称SND）发起，在国际传媒行业与普利策新闻奖、世界新闻摄影比赛（"荷赛"）齐名。在这届大赛中，澎湃新闻可视化作品《虹镇老街：上海市区最大棚户区华丽转身》②获原创插画应用类优秀设计奖，澎湃新闻旗下英文媒体Six Tone的可视化作品"The telescope at the end of the universe"（《世界尽头的望远镜》）③获环境科学类故事页面设计优秀设计奖。前者是历时三年完成、有关上海市区最大棚户区改造的大型新媒体可视化交互产品，采用手机移动端竖屏优先的设计，以人物口述为主线，用插画结合航拍视频、现场视频、卫星地图、历史资料照片等素材，复原和呈现了上海城市化进程中一个典型社区样本的历史变迁（见图0-3）。后者则通过手机端H5设计，融合动画、图表、现场照片等可视化元素，首次独家披露了位于贵州的全世界最大、灵敏度最高的单口径电射望远镜"中国天眼"的运作和日常维护，向全球受众生动地展示了中国天文科学领域的技术创新与进步（见图0-4）。

当然，今天的可视化新闻并不是全然集中在移动互联网交互领域，传统的图文形式也因大数据、地理位置信息和多种新型可视化工具的加持而推陈出新。2021年6月，自诩为"信息图领域的普利策奖"的Malofiej Award公布了2020年度获奖名单④。这项由西班牙新闻设计协会主办的赛事，以阿根廷著名设计师亚历杭德罗·马洛菲杰（Alejandro Malofiej）的

---

① "Best of news design digital results," SND(Society for News Design), accessed December 5, 2021, https://snd.org/best-of-design-competitions/2020-best-of-digital-design-results/.
② 《虹镇老街：上海市区最大棚户区华丽转身》（2020年10月14日），澎湃新闻，https://h5.thepaper.cn/html/interactive/2020/10/hong_zhen_lao_jie/index.html，最后浏览日期：2021年5月17日。
③ "The telescope at the end of the universe," Six Tone, October 1, 2020, accessed May 17, 2021, https://interaction.sixthtone.com/feature/2020/telescope/.
④ 参见https://www.malofiejgraphics.com/awards/el-pais-and-errea-comunicacion-receive-the-best-of-show-awards/2021/06, https://twitter.com/malofiej/status/1405540784368021516，最后浏览日期：2021年11月10日。

绪论　　在数字移动时代理解可视化新闻

图 0-3　澎湃新闻《虹镇老街：上海市区最大棚户区华丽转身》

可视化新闻：数字新闻生产的创新与前瞻

（a）

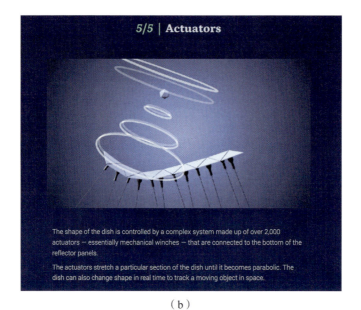

（b）

图 0-4 Six tone "The telescope at the end of the universe"

名字命名，聚焦于信息图（infographics）领域的优秀可视化作品。比赛向各种相关机构开放，包括日报或非日报、大报或小报、印刷或电子版，还向私人组织、机构、信息图表服务提供商、书籍、博客和其他提供图形的在线信息发布渠道开放。在2020年度获奖的可视化新闻作品中，与新冠疫情相关的报道占据相当的位置：除《华盛顿邮报》的"压平增长曲线"之外，《纽约时报》（The New York Times）的"How the virus won"（《病毒是怎么赢的》）采用了研究团队估计的各时间点的感染者和其时真实的旅行数据对照，以显示不可见的感染者和不停歇的旅行带来怎样的灾难性后果（见图0-5）；还有西班牙《国家报》（El País）关于新冠病毒传播路径的"A room, a bar and a classroom: How the coronavirus is spread through the air"（《一个房间、一间酒吧、一间教室：冠状病毒如何通过空气传播》）（见图0-6）、西班牙一家地方报纸《纳瓦拉日报》（Diario de Navarra）的可视化疫情隔离日记"A visual diary of the quarantine"（《隔离的视觉日记》）（见图0-7）等。其他政治、社会、文化题材也各有精彩，如《纽约时报》"Our political divide, seen through the prism of geography"（《透过地理棱镜看我们的政治分歧》）、墨西哥《环球报》（El Universal）"It's been 230 years since Sun's God rebirth"（《太阳神重生230年》）（见图0-8）、德国《柏林晨报》（Berliner Morgenpost）"The protest capital"（《抗议之都》）（见图0-9）、《国家地理》（National Geographic）杂志"Bodies in motion"（《运动中的身体》）（见图0-10）、《华盛顿邮报》"This is what fuels West infernos"（《这就是西方地狱火的燃料》）（见图0-11）等，都展现了计算机图形学和图像处理等新的可视化工具推动传统图文领域创造性的多种可能。

可视化新闻也为年轻从业者拓展了新的表达空间。2021年9月，2021年度中国数据内容大赛收官[①]。这项由中国领先的可视化技术与创意公司数

[①] 2021中国数据内容大赛获奖名单，https://awards.data-viz.cn/2021/view/prize.html；《2021中国数据内容大赛圆满收官，澎湃新闻成最大赢家》（2021年9月24日），中国日报中文网，https://tech.chinadaily.com.cn/a/202109/24/WS614d7b0aa3107be4979ef66d.html，最后浏览日期：2021年12月5日。

可视化新闻：数字新闻生产的创新与前瞻

图 0-5 《纽约时报》"How the virus won"

绪论　在数字移动时代理解可视化新闻

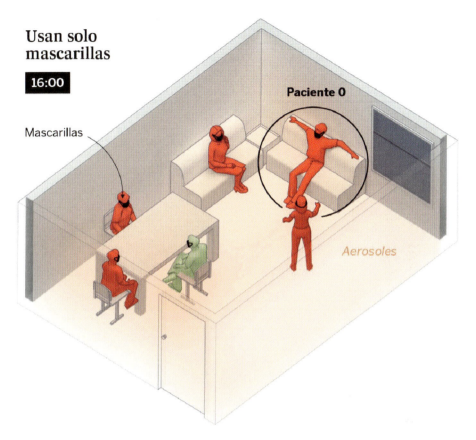

图 0-6　西班牙《国家报》"A room, a bar and a classroom:
How the coronavirus is spread through the air"

可视旗下教育公益基金联合多家高校主办的赛事已举办三年，参赛作品涵盖信息图、短视频、交互网页、移动交互 H5 等多种样态。2021 年度最佳数据内容金奖作品《解构藏文》使用多种数据可视化方式，通过解构藏语言文字、解构藏文书写和解构藏文诗集文本等的可视化，直观地使用户增强对藏文字和藏文化的了解（见图 0-12）。这个交互网页仍在继续开发中。最佳数据视频金奖作品《从千米高空看武汉经济复苏，这份光明，人人都有贡献力量！》在短视频中运用地图热力图描绘了武汉"解封"之后经济复苏的城市景象（见图 0-13）。

013

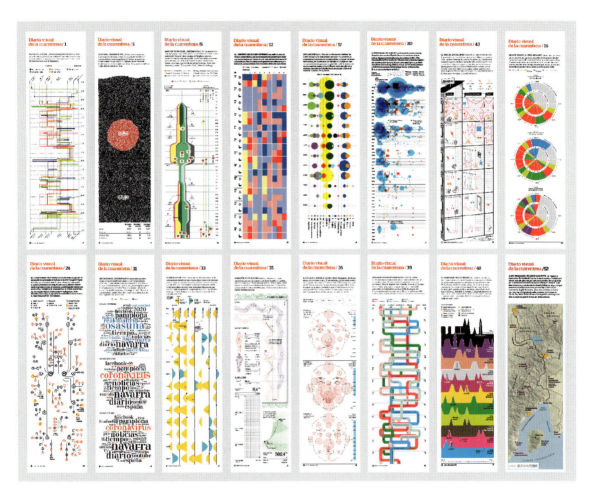

图 0-7　西班牙《纳瓦拉日报》"A visual diary of the quarantine"

绪论　在数字移动时代理解可视化新闻

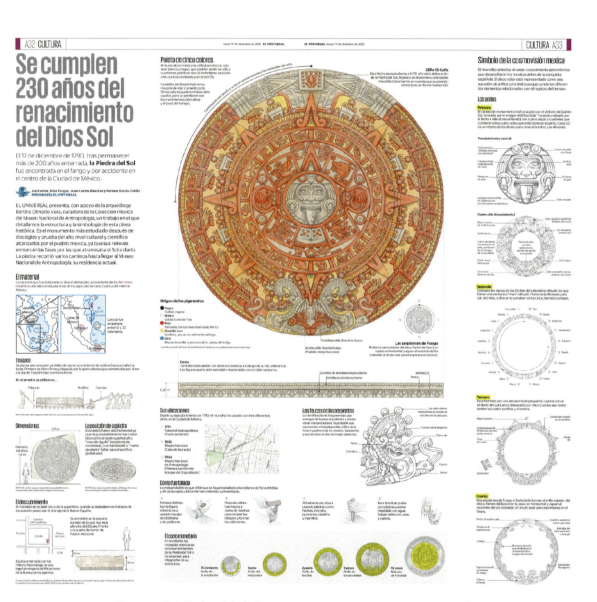

图 0-8　墨西哥《环球报》"It's been 230 years since Sun's God rebirth"

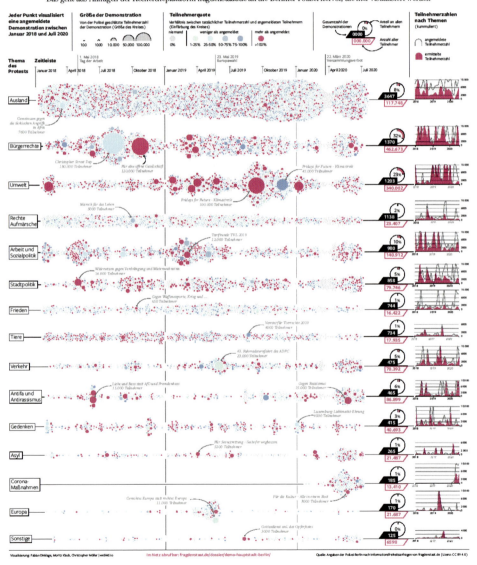

图 0-9　德国《柏林晨报》"The protest capital"

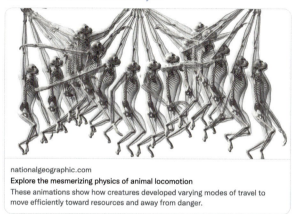

图 0-10 《国家地理》杂志 "Bodies in motion"

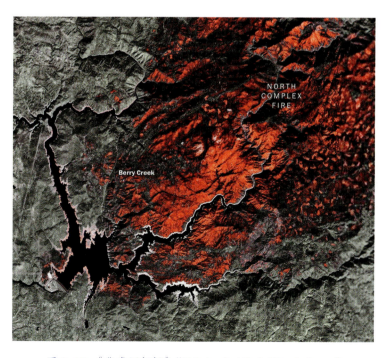

图 0-11 《华盛顿邮报》"This is what fuels West infernos"

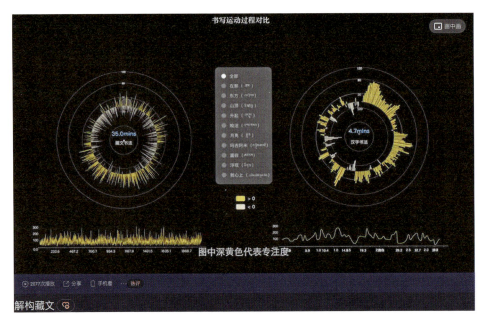

图 0-12 《解构藏文》

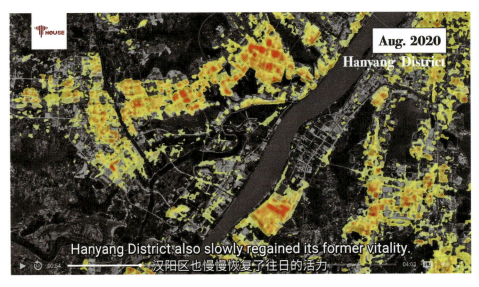

图 0-13 《从千米高空看武汉经济复苏,这份光明,人人都有贡献力量!》

三、可视化与数字新闻生产创新

可视化从过往新闻文本的文字内容点缀,逐渐成为数字新闻产品的核心叙事。这是数字新闻生产创新性的重要变化之一。新闻业内人士普遍认为,数据可视化作为一种表达类型、生产类型、内容类型,正愈发高频地走进受众视野,数据图表、交互网页等作品的出现让人们更充分地感受到数据之美、可视化之美。不止数据可视化,总的来说,移动数字时代的可视化新闻有丰富的呈现形态。解放日报·上观新闻视觉中心章迪思认为,今天的可视化新闻不是在新闻文本文字内容之外可有可无的"+视觉",而是带来颠覆性新闻生产变革、为新闻报道赋能的"视觉+"[①]。澎湃新闻数据新闻主编吕妍认为,新闻领域里说的数据可视化是一种内容类型,更是一种生产方式,要求技术人员、设计师、内容创作者紧密合作,不再是流水线的生产形式,而是各部分共同构成生产的原创团队,在这层意义上或许也是媒体融合化转型的一个很好的切入点,"现阶段的一个重点是数据驱动报道",在数据中挖掘故事[②]。镝次元数据新闻研究中心主任王琼认为,数据时代到来,人们在越来越多场景中需要"用数据说话",但不可回避的是,这需要更高的专业门槛——"用数据说话"绝不仅是一种表达形式,它的价值更在于它所代表的量化思维,是一种看世界的方法论;如今数据可视化的呈现方式更为多样,如二维动画、三维动画、虚拟演播室、VR视频、手绘、创意实拍等,"要时刻意识到数据可视化视频的核心不是炫技、炫数据,而是用科学的方法向数据问合理的、有价值的问题"[③]。数可视公司创始人、"中国数据新闻第一人"黄志敏认为,2013年是中国数据新闻元年,近几年数据可视化作为信息的另一种呈现方式逐渐高频地进入受众的视野,其市场化的道路上涌现出各种各样的做法,最重要的是要从用户习惯出发[④]。

---

① 章迪思在解放日报·上观新闻"新闻创意视觉产品研讨会"上的发言,2021年10月26日。
②③④ 参见腾讯短视频Lab:《当数据可视化遇上短视频:开启数读时代》(2019年1月10日),全球深度报道网,https://cn.gijn.org/2019/01/10/当数据可视化遇上短视频:开启数读时代/,最后浏览日期:2021年12月6日。

已有研究通过系统梳理近年来获奖的数据新闻，对获奖作品采用的可视化技术进行归纳。阿德博耶加·奥乔（Adegboyega Ojo）和巴哈雷·赫拉维（Bahareh Heravi）通过对包括全球编辑网络（The Global Editors Network，简称 GEN）数据新闻奖在内的 44 个获奖数据新闻的分析发现，近三分之二的作品都包含了图表或动态地图（Ojo & Heravi，2018）。在玛丽·扬（Mary Young）等搜集的 26 个获奖的加拿大数据新闻样本里，只有一个没有可视化交互设计（Young，Hermida & Fulda，2018）。可以说，可视化作为成功的数字新闻创新实践，已成为移动互联网环境下优质新闻产品的重要特点。尤其是新冠疫情再次驱动了新闻业对可视化的探索。路透社新闻研究所发布的《2021 年新闻、媒体与技术发展趋势和预测》（Newman，2021）认为，疫情让新闻业重新确立了自己的价值，可视化在其中发挥了重要作用，帮助媒体在面对这场极端复杂和重要的公共危机时，为公众提供可靠的信息和专业的解释。他们预测，未来新闻机构将更加重视可视化的应用和创新。

可视化不仅普遍进入当下数字新闻核心叙事，更对数字新闻生产理念和实践策略产生深刻影响。从这里出发，我们将从可视化的发展历程开始，通过丰富翔实的案例呈现，最终指向有关"可编程世界"的"虚拟可导航空间"的深度讨论。

本章图片来源

图 0-1　The Washington Post-Facebook, March 15, 2020, accessed December 5, 2021, https://www.facebook.com/page/6250307292/search/?q=%20%E2%80%9Cflatten%20the%20curve%E2%80%9D

图 0-2　Reuters, accessed December 5, 2021, https://www.reuters.com/investigates/special-report/usa-police-immunity-scotus/, https://www.reuters.com/investigates/special-report/usa-police-immunity-variations/

图 0-3　澎湃新闻，https://h5.thepaper.cn/html/interactive/2020/10/hong_zhen_lao_jie/index.html，最后浏览日期：2021 年 12 月 5 日

图 0-4　"The telescope at the end of the universe," Six Tone, accessed December 5, 2021, https://interaction.sixthtone.com/feature/2020/telescope/

图 0-5　Malofiej-Twitter, June 17, 2021, accessed December 6, 2021, https://twitter.com/malofiej/status/1405541909792055298/photo/1

图 0-6　Malofiej-Twitter, June 17, 2021, accessed December 6, 2021, https://twitter.com/malofiej/status/1405552095160373248/photo/1

图 0-7　Malofiej-Twitter, June 17, 2021, accessed December 6, 2021, https://twitter.com/malofiej/status/1405552638209449987/photo/1

图 0-8　Malofiej-Twitter, June 17, 2021, accessed December 6, 2021, https://twitter.com/malofiej/status/1405542344397496328/photo/1

图 0-9　Malofiej-Twitter, June 17, 2021, accessed December 6, 2021, https://twitter.com/malofiej/status/1405543234873348103/photo/1

图 0-10　Malofiej-Twitter, June 17, 2021, accessed December 6, 2021, https://twitter.com/malofiej/status/1405546750371414017

图 0-11　Malofiej-Twitter, June 17, 2021, accessed December 6, 2021, https://twitter.com/malofiej/status/1405550415706562562/photo/1

图 0-12　《解构藏文》（2021 年 7 月 27 日），腾讯视频，https://v.qq.com/x/page/t3263rg503z.html，最后浏览日期：2021 年 12 月 5 日

图 0-13　"Satellite maps reveal Wuhan's tough journey of economic recovery," CGTN, March 10, 2021, accessed December 5, 2021, https://news.cgtn.com/news/2021-03-10/Satellite-maps-reveal-Wuhan-s-tough-journey-of-economic-recovery-Yw9lT9Ysdq/index.html

本章参考文献

Ojo, A. & Heravi, B. (2018). Patterns in award winning data storytelling: Story types, enabling tools and competences. *Digital journalism*, 6(6): 693−718.

Newman, N. (2021). Journalism, media, and technology trends and predictions 2021. Reuters Institute, January 7, 2021, accessed May 17, 2021, https://reutersinstitute.politics.ox.ac.uk/journalism-media-and-technology-trends-and-predictions-2021.

Risam, R. (2019). Beyond the migrant "problem": Visualizing global migration. *Television & New Media*, 20(6): 566−580.

Usher, N. (2014). *Making news at The New York Times*. Ann Arbor, MI: University of Michigan Press.

Usher, N. (2016). *Interactive journalism: Hackers, data, and code*. Champaign, IL: University of Illinois Press.

Young, M. L., Hermida, A. & Fulda, J. (2018). What makes for great data journalism? A content analysis of data journalism awards finalists 2012–2015. *Journalism Practice*, 12(1): 115−135.

第一章

可视化：从点缀文字到核心叙事

一、可视和可视化

在研究者看来，人的眼睛是一个高带宽的巨量视觉信号并行处理器，对可视符号的感知速度比对数字和文本要快多个数量级，并且大量视觉信息处理发生在潜意识阶段，换言之，"视觉是人获取信息最重要的通道，超过 50% 的人脑功能用于视觉的感知，包括解码可视信息、高层次可视信息处理和思考可视符号"（陈为、沈则潜、陶煜波等，2019：2）。可视化包含两层意思：一是生成符合人类感知的图像、通过可视元素传递信息，即动词可视（visualize）；二是使某物某事可视的动作或事实，那种对某个原本不可见的事物在人的大脑中形成可感知的心理图片的能力或过程，以及对某个目标进行可视化的结果，即名词可视化（visualization）。在计算机科学中，利用人眼的感知能力对数据进行交互的可视表达以增强认知的技术被称为可视化，旨在"将不可见或难以直接显示的数据转化成可感知的图形、符号、颜色、纹理等，以增强数据识别效率、传递有效信息"（陈为、沈则潜、陶煜波等，2019：2）。在数字新闻场景下，可视化通常指"用图形符号展示数据以传递明确的信息"。通过可视化，可以善用数据（do good with data）。其中，令可视化具有客观性、透明性和真实性的操作惯例包括二维视点（two-dimensional viewpoints）、干净的布局、几何形状和线条及在可视化中纳入数据来源（Kennedy，Hill，Aiello & Allen，2016）。常见的可视化形式包括折线图、饼图等静态图表。其中，折线图特别适合用来展现数值如何随时间推移而变化，例如财新《数字说丨中国新冠疫苗已出口 28 个国家　各类疫苗产能几何？》[①]用折线图呈现了从 2020 年 12 月 8 日到 2021 年 3 月 1 日全球多个国家新冠疫苗累计接种剂次的变化（见

[①] 沈芯羽、董必奇、张懿:《数字说丨中国新冠疫苗已出口 28 个国家　各类疫苗产能几何？》（2021 年 3 月 6 日），财新，https://datanews.caixin.com/2021-03-06/101671854.html，最后浏览日期：2021 年 12 月 10 日。

图1-1);饼图更适合表现总体当中不同分类的占比,例如财新《数字说丨暴雨暴露保护短板 山西如何延续千年古建生命》[1]用饼图呈现了古建筑在山西现有不可移动文物中的占比(见图1-2)。

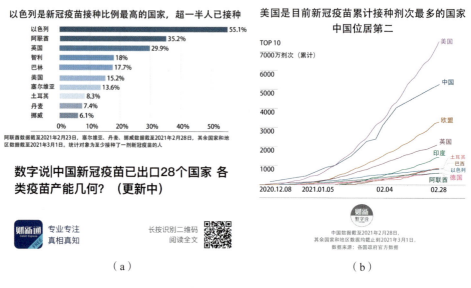

(a)　　　　　　　　　　　　(b)

图1-1　不同国家新冠疫苗累计接种剂次的变化

更广义的可视化不仅仅指数据可视化。采用杂志风格或使用带注释的图表、分区海报、流程图、连环画、幻灯片、视频,视觉叙事在不同叙事维度上的显著性各不相同,图形技术和人机交互的发展能够实现不同层次的结构空间设计和叙事流程,触发了包括动态地图、模拟动画、360度全景视频、虚拟现实等交互度更高的叙事样态推陈出新。如今,可视化因其在数据和其他场景中揭示故事的能力而备受推崇。在数字新闻领域,在线记者(online journalists)越来越多地将可视化融入他们的新闻叙事中,甚至以全新的"数据故事"完全代替原本文字加图片(或广播电视视听文本)

---

[1] 王烨、张懿、韦梦:《数字说丨暴雨暴露保护短板　山西如何延续千年古建生命》(2021年10月17日),财新,https://datanews.caixin.com/2021-10-17/101787666.html,最后浏览日期:2021年12月10日。

第一章　可视化：从点缀文字到核心叙事

（a）

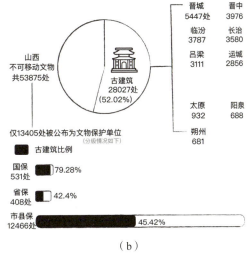
（b）

图 1-2　古建筑在山西现有不可移动文物中的占比

的传统新闻叙事；可视化设计师正在融合计算机科学、统计、艺术设计和讲故事的技能；可视化新闻的浏览可以按线性顺序组织内容，也可以是交互式的、邀请验证（inviting verification）、提出新问题和提供替代性解释。这些新兴叙事样态最主要的特征在于，其空间设计和交互性需由两方共同完成：一方是作者（在线记者）通过各类图形、视觉元素和界面强化的叙事流程；另一方是读者，或者更准确地说是在线用户，通过电脑或手机端进行的交互式探索（Segel & Heer，2010），而非传统新闻故事文本的阅读、收听、观看。

二、可视化的历程和意义

从视觉感知的历程看，"可视化与山岳一样古老。中世纪时期，人们就开始使用包含等值线的地磁图、表示海上主要风向的箭头图和天象图"，"可视化是认知过程，即形成某个物体的感知图像，强化认知理解。

因此，可视化的终极目标是对事物规律的洞悉"（陈为、沈则潜、陶煜波等，2019：3）。启蒙运动倡导的对外部世界的理性认知强化了可视化的价值（Friendly，2008），无论是图表还是地图，都试图提供一种从上往下俯瞰的、上帝般的视角（Kress & van Leeuwen，2020），希望对事物形成一种全面、客观、科学的把握。从功能上看，可视化是一种信息记录的有效方式，如伽利略手绘的月亮周期图（见图 1-3）或达·芬奇的人体结构手稿（见图 1-4）；更是一种有可能突破认知局限的信息推理与分析——由于可视化可以清晰地展示证据，它在支持上下文的理解和数据推理方面有独到作用。例如，19 世纪欧洲大陆的霍乱，当时的主流看法是由毒气或瘴气引发。然而，英国医生约翰·斯诺（John Snow）在调查发生于 1854 年 8 月伦敦布拉德街周边居民区的霍乱时发现，有 73 个病例集中在布拉德街水井附近。在斯诺医生向市政当局建议拆除布拉德街水井摇把并将水煮沸饮

图 1-3　1609 年伽利略绘制的月球
　　　　表面素描图

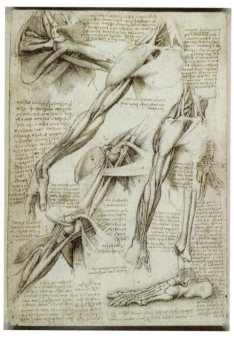

图 1-4　1510 年达·芬奇绘制的
　　　　人体结构图

用之后不久，霍乱就停息了（陈为、沈则潜、陶煜波等，2019：5）。斯诺医生绘制的该街区的霍乱病例地图，被后世称为"幽灵地图"（The Ghost Map）（见图1-5），被认为是可视化推理的典型案例。

类似观点在关于量化的讨论中也很常见。量化被认为"是一种距离的技术"（Porter，2020：xi），通过将人与物转化成数字，让人们同观察的对象保持距离，从而形成一种客观的理解（Kennedy & Hill，2018）。可视化的二维视角、干净布局、对几何形状和线条的运用，以及标明数据来源等惯例，都帮助其营造了一种客观性、真实感，让可视化可以承担一种有说服力的修辞工作，成为易被公众接受的、解释复杂社会现象的重要方式（Kennedy，Hill，Aiello & Allen，2016）。换言之，好的数据可视化会在接受者的脑海里久久留下关于事实、趋势或者过程的印迹。

数据图形、图表并不一定会让人产生距离感，降低人的同理心；相反，可视化可以消解量化数据产生的距离感——人们通过可视化将数字又"转化回了人"，从而可以理解和想象身处远方苦难中的其他人，"数据不仅仅是数字——它们既是统计的又是视觉的"，"数据可视化使人们有可能感受到数字、度量、统计数据，从而可以以情感的方式理解数字，而不仅仅是从认知和理性的角度出发"（Kennedy & Hill，2018）。因此，有学者说，人不仅在阅读一个可视化设计，更是去感受它（Kirk，2016：76）。可视化的形式、颜色、排列都会以特定方式刺激人们的感官，激发人们的情感回应，引发社会参与（Kennedy & Engebretsen，2020）。

由此可知，可视化结合了两种力量，一种是基于数据的客观感和科学性，另一种是诉诸情感的、体验式的、能够激发共鸣的能力，这构成了其之于新闻叙事的特殊价值。研究者发现，"广泛的情感表征了与数据和可视化在不同方面的互动，这反过来又证明了情感在努力理解数据方面的重要性"，"通过可视化与数据的日常接触会唤起情绪反应，这些情绪反应微妙地表明数字本身是数据化逻辑的核心"，"由于社会生活越来越数据化，数字变得越来越重要，对数据的感受与认知和理性体验一样多"（Kennedy & Hill，2018）。在媒介融合创新的业务实践中，新闻业界自十余年前起就开

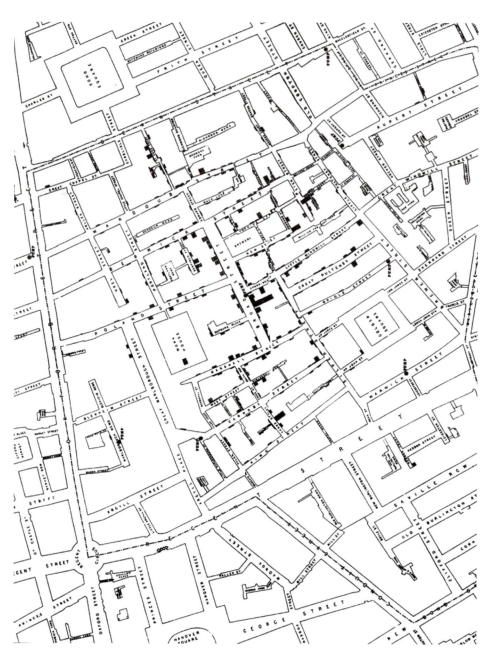

图 1-5 1854 年英国医生约翰·斯诺绘制的伦敦布拉德街区霍乱病例地图

始尝试在报道中融入可视化元素，希望借此提升新闻的可信度、增强用户的参与感，以达到更好的传播效果。例如，早在2013年，数据新闻和数据可视化领域的领军人物、谷歌趋势数据主编分析师西蒙·罗杰斯（Simon Rogers）基于英国《卫报》（*The Guardian*）"数据博客"的众多经典案例编撰出版了该领域极具分量的一部著作，提出数据新闻正在成为一种主流的新闻报道方式并引领着风靡全球的信息透明化运动——记者不再仅仅依赖采访、文字和照片，而是通过对数据的挖掘与分析报道事实、揭露真相，以可视化直击事件核心要害，让事实更易于被公众接受和理解（西蒙·罗杰斯，2015）。

文化可视化和可视化文化：变化正在发生

近年来，最重要的变化体现在我们正在见证一个文化可视化（visualization of culture）和可视化文化（culture of visualization）共同快速兴起的时代。尽管可被用于可视化的数据（包括公共数据和商业数据）的近用（access）并不均衡，但一个不可否认的趋势是，数据化越来越成为描述当下量化生活的一个重要的当代现象（Kennedy & Hill，2018）。随着移动互联网和社交平台在日常生活各个层面极速铺开，个人信息通过社交网站或应用程序分享（从婚姻状况到感冒发烧，从饮食习惯到最喜欢的音乐）成为日常生活新常态。在那些原本并不存在数据或从未量化也难以量化的领域，个体和社会生活的方方面面都被编码了，从友谊、爱情、家庭关系、兴趣爱好、文化品位到信息检索、情绪反应和人们相互之间的闲聊，概莫能外（van Dijck，2014）。可视化新闻的发展是基于这一社会变化展开的。对于新闻报道来说，可视化从过去主要服务于文字的装饰性元素，已经发展成为新闻故事的核心要素。它不再只是呈现数据的技术工具或者可有可无的视觉点缀，而是一种独立的新闻叙事，甚至可以说，在一些报道领域，比如解释性的数据新闻和历史性的事件报道，可视化正在取代文字，成为数字新闻的核心叙事。这也是可视化与过往信息图的最大区别（Kennedy, Hill, Aiello & Allen, 2016）。

这种变化的发生有三个重要背景。

第一，随着日常生活的加速数据化，数据对于社会的重要性日益凸显。正如媒介学者胡泳（2012）所言，当今世界的数字化，已然通过互联网、社会化媒体、电子邮件和移动电话等，将我们的社会变成一个巨大的实验室。人类在这个实验室中留下的电子踪迹，比如打上时间印迹的文本、声音和图像，互联网搜索，社交网络中的种种关系等加在一起，合成了史无前例的海量数据集，记录了我们的活动、我们的决定和我们的生活本身。例如，作为中国成功抗击新冠疫情的重要技术工具，以二维码为基础的健康码从2020年年初启用并不断完善，随着动态清零和疫情防控常态化，健康码的应用更加普及，并在短时间内塑造了新的数字身份，成为被社会主体认证的国家数字基础设施（胡凌，2021）。同时，得益于开源运动（Coddington, 2015；刘驰、胡柏青、谢一等, 2017；Asay, 2019），媒体可以获得公开数据，数据新闻应运而生（Loosen, Reimer & De Silva-Schmidt, 2020）。"开源"（open source）这一概念作为一种技术原则诞生于20世纪90年代后期，可被视为自由软件运动的一个影响更为广泛的分支，体现的是公众获取信息和知识的普遍权利（Coleman, 2013）。

这样的开放数据库很多。对于媒体记者，尤其是调查记者来说，最经常使用的数据库有：全球调查记者网络发布关于腐败和有组织犯罪相关新闻的"有组织犯罪和腐败报告项目"（OCCRP）开发的Aleph数据库，能检索到来自世界不同地区、数量惊人的公开记录数据（https://aleph.occrp.org）；包含超过800 000个离岸实体的信息（这些实体是Pandora Papers、Paradise Papers、Bahamas Leaks、Panama Papers和Offshore Leaks调查的一部分）的庞大数据库ICIJ Offshore Leaks（https://offshoreleaks.icij.org）；全球最大的公司资料开放数据库Open Corporates（https://opencorporates.com）；国际贸易数据库ImportGenius（https://www.importgenius.com）等。对于全世界新闻业而言，开源运动的核心实践在于软件共享和协作，其透明度（transparency）、迭代（iteration）、修补（tinkering）和参与（participation）成为与数字新闻业结合的重要原则，激发了机构媒体新闻专业文化的实验性和创造力（Lewis & Usher，2013；Coddington，2015）。因此，可视化不只是在视觉意义上将原本"不可见的"数据、数据之间的关系和规律呈现给公众（Pérez-Montoro & Veira-González，2018），对于日常生活中较少直接接触到数据的大多数人而言，数据几乎只有通过可视化才变得可以理解，甚至可以说，才在社会意义上存在（Weber，2020）。

第二，数字技术的进步，尤其是处理、分析和呈现可视化产品的电脑软件和硬件的普及，让编辑室在日常新闻生产中运用可视化技术成为可能（Manovich，2011）。零编程的"傻瓜式"工具 Tableau（全球知名度较高的可视化工具，操作界面灵活，图形设计简洁明快，交互体验良好）、Flourish（免费的可视化在线 flash 网站，模板丰富，绘制完成的可视化作品可发布并嵌入网页或 PPT 中）、Carto（位置智能平台）、Highcharts（提供多种可视化工具和图形库）等可视化和数据分析工具，已经成为编辑室新闻生产常规的一部分。研究者对 44 个全球编辑网络数据新闻奖获奖作品的分析显示，记者构建可视化数据新闻故事所使用的网页开发工具、数据分析工具、数据可视化架构（data visualization frameworks）和数据库等技术工具多达 130 多种。其中，JavaScript 和 HTML 是最常用的 Web 开发工具，Microsoft Excel 和 Python 是最常用的数据分析与分类工具，D3 是最常用的数据可视化架构，MySQL 是最流行的数据库工具，其他特别受欢迎的工具包括代码库 jQuery、用于数据清洗的 Google Refine、用于地理制图的 Google Maps 和用于图形制作的 Adobe Illustrator（Ojo & Heravi，2018）。

即便是那些没有资源组建专门可视化团队的媒体，也可以利用这些现成的、操作简单的工具制作可视化新闻，以期为新闻报道添加更丰富的经验证据，促使用户积极探索数据集，提升审美吸引力和激发用户兴趣，并提供进入未知新闻故事的入口（Kennedy, Allen, Engebretsen, Hill, Kirk & Weber，2021）。就像委内瑞拉资深调查记者利塞斯·布恩（Lisseth Boon），她负责一个新兴线上媒体 Runrun.es 的调查新闻部门，对侵犯人权、贩卖黄金、非法采矿和环境犯罪进行深度报道，其中一些调查获得委内瑞拉国内和国际奖项。例如，2020年揭露黄金如何从卡奈马国家公园被非法开采并通过旅游飞机运往加勒比海地区的"Canaima: A paradise poisoned by gold"（《卡奈马：被黄金毒害的天堂》）[①]，是一个整合了文字、图片、视频、超链接网页、模拟飞行地图、公司关系网络图、手稿等多种可视化元素，并且可依照主题和时间线进入的内容庞大但条理极为清晰的大型可视化调查报道（见图1-6）。她的团队还与委内瑞拉境内外媒体平台合作，参与跨国调查项目，如"洗车行动"、金融犯罪执法局文件调查等。她最喜欢的可视化工具有：用于构建公司与人之间关联的Cmap，用于创建流程图的Lucid，处理海量数据、创建复杂网络图的Kumu，用于交互设计和集体协作项目的Shorthand等[②]。

第三，社交媒体时代视觉文化崛起，并且伴随数字图像和成像的巨额增长，这个新的视觉文化时代的图像是被计算机创造出来的，这些巨量视觉信息构成了当今观看世界的主要方式（尼古拉斯·米尔佐夫，2017）。今天的世界是"年轻的"、"城市化的"、"网络化的"、"炙热的"，"通过互联网创建、发送、浏览各种图像，如照片、视频、漫画、艺术、动画，是全球互联网运用中最值得关注的部分"，"无论我们喜欢与否，新兴的全球社会是可视化的。所有的照片和视频都是我们努力看清这个世界的方式。我们感到制作世界的图像并将这些图像分享给他人是必要的；我们为理解身边这个不断变化的世界，以及我们在世界中所处位置而付出努力，而这些图像是所有努力中的一个关键"（尼古拉斯·米尔佐夫，2017：前言，5-7）。在图像学者W.J.T.米切尔看来，如果要审视今天的图像，它们最先是存在于云端的——数据、虚拟的云端，这些云之间的联系是实时的，这

[①] 参见Lisseth Boon & Lorena Melendez G., "Canaima: A paradise poisoned by gold," accessed December 13, 2021, https://alianza.shorthandstories.com/canaima-a-paradise-poisoned-by-gold/index.html。

[②] Andrea Arzaba:《调查记者利塞斯·布恩：我用什么工具进行数据分析和可视化？》（2021年9月24日），全球深度报道网，https://cn.gijn.org/2021/09/24/lisseth-boon/，最后浏览日期：2021年12月13日。

第一章　可视化：从点缀文字到核心叙事

（a）

（b）

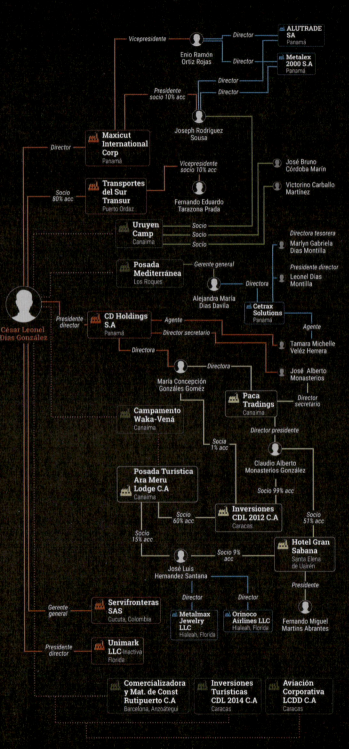

(c)

图 1-6 "Canaima: A paradise poisoned by gold" 截屏

就是当下世界图像的现状，可以产生自己的理论而不需要用文字来把这些理论概括出来。W.J.T.米切尔称之为"图像学3.0"。他认为，数字图像与真实世界的连接更多，不止是具体的影像，还可以记录时间、地点、相机参数设置，因而为图像生产提供了新的机会。数字图像作为一种超级复制，还可以整合其他信息，比如无人机影像、图像侦查和照片墙/图像证据集合、计算机制图学、地形学、生物影像等等，令图像和实体产生新的连接[1]。

文化可视化和可视化文化的深远影响是全方位的，远不止可视化新闻领域。2018年上海当代艺术博物馆举办的卡地亚当代艺术基金会中国首展"陌生风景"展出的大型装置作品"Exit"（《出口》）[2]，基于法国哲学家和城市学者保罗·维利里奥有关全球人口迁徙的理论，在一个巨大的动画地图中以数据、文本、轨迹的可视化呈现，表达当今世界人类正在经历的六个迁徙主题——人口转移、流动和资金、难民与被迫迁徙、上升的海平面和下沉的城市、自然灾害、濒危消失的语言和森林，由艺术家和建筑师劳拉·库尔干（Laura Kurgan）、艺术家和统计学家马克·汉森（Mark Hansen）与来自不同学科的科学家合作完成。作品于2015年12月在巴黎召开的联合国气候变化大会上首次展出，此后多次随着数据的更新而不断完善（见图1-7）。

2011年，伦敦大学金史密斯学院成立的"法证建筑"研究小组专事全球社会案例的调查。该团队由建筑师、数据分析师、电影人、软件工程师、调查记者等专业人士组成，通过收集线上数据、数据挖掘、与当事人接触、3D数字模型等方式还原社会事件的真实现场，以空间和时间常识校对官方机构发表的声明或确认过的"真相"。他们通过采纳尖端新科技的空间和建筑分析、开源调查、数字建模和沉浸式技术，以及文献研究、情景访谈，整合开源调查、数字和物理建模、3D动画、虚拟现实环境和制图平台，定位和分析照片、视频、音频文件与证词以重建和分析社会事件，并

---

[1] W.J.T.米切尔：《元图像：图像及理论话语》，OCAT研究中心年度讲座，北京芝加哥大学北京中心，2018年9月6—8日。
[2] "Exit, 2008-2015," Fondationcartier, accessed April 15, 2022, https://www.fondationcartier.com/collection/oeuvres/exit.

图1-7 "卡地亚当代艺术基金会：陌生风景"大型装置"Exit"

通过数字模型探索寻访创伤记忆的新方法[1]。所涉及的重点社会案例包括：2020年发生在希腊-土耳其边境的移民被殴打事件（见图1-8a），2018年发生在法国马赛的一起示威活动中的民众伤亡事件（见图1-8b），2011—2016年一家印度尼西亚-韩国棕榈油企业涉嫌印度尼西亚巴布亚省森林火灾（见图1-8c），以及对公元前7世纪至今的加沙考古遗址首次进行虚拟挖掘以呈现这一重要文化遗产的风险（见图1-8d）。

与这一视觉化趋势相关的是数字人文的兴起。2004年，美国学者苏珊·施赖布曼（Susan Schreibman）等人首次提出"数字人文"（digital humanities）的概念，以取代过往"人文计算"（humanities computing）

---

[1] Forensic Architecture, https://forensic-architecture.org/; Eyal Weizman:《"法证建筑"：在黑暗认识论的阴影下还原真相》（2019年6月25日），澎湃新闻，https://www.thepaper.cn/newsDetail_forward_3753012，最后浏览日期：2022年4月15日。

第一章　可视化：从点缀文字到核心叙事

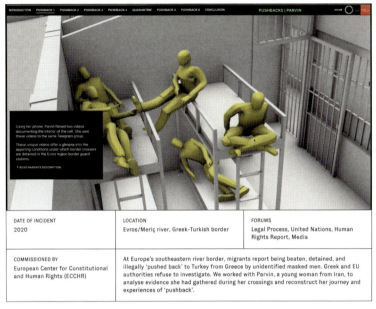

（a）"Pushbacks across the Evros/Meriç River: The case of Parvin"

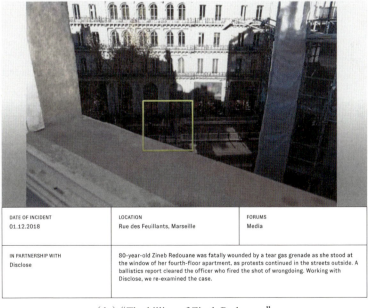

（b）"The killing of Zineb Redouane"

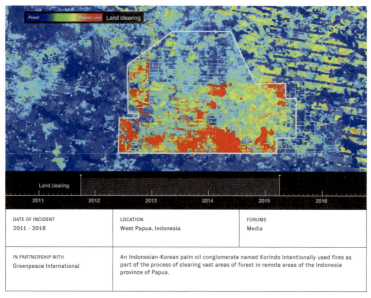

（c）"Intentional fires in Papua"

（d）"Living archaeology in Gaza"

图 1-8　法证建筑作品

这一提法。之后，美国国家人文基金会（National Endowment for the Humanities）和美国现代语言协会（Modem Language Association）都在官方表述里大量使用"数字人文"这一概念，使之迅速成为一个充满活力的学界热词。具体来说，数字人文就是使用数字媒介的工具和方法来重新考察传统人文学科的课题，同时用人文研究的范式和方法来探索数字媒介的功能与意义（李点，2017）。数字人文被认为不仅仅是一种方法论或交叉学科，而且是一种新型学术模式和组织形式、一种新的文化模型，表现为充分运用计算机技术与人文知识开展的合作性的、跨学科的研究、教学和出版活动（冯惠玲，2017）。数字人文将价值观、表现性和解释性的实践、意义创建策略、复杂性，以及人性的模棱两可引入世界的每个经验和知识领域，从而为人文科学打开了一个广阔的视野。它是一种全球性的、超越历史并跨越媒介的知识及意义的路径（安妮·伯迪克等，2018）。

数字人文广泛应用于图书情报学、语言学、历史学、文学领域。例如，美国斯坦福大学图书馆和法国国家图书馆合作的法国革命数字档案馆（FRDA, https://frda.stanford.edu），制作由两个主要资源 Parliamentary archives（按时间顺序编辑的法国大革命一手文本资料）和 Images of the French Revolution（巨大的图片语料库）组成的法国大革命的关键研究资源的数字版本并向国际学术界开放。再如"遥读"（distant reading），区别于传统精读（close reading），遥读是借助数字手段的泛读，即在海量文本中通过分析修辞、主题、借喻、风格等结构要素来寻找文学范式和模型，如借助谷歌 N-Gram Viewer 阅读 1740—1850 年间出版的 7 000 部英国小说得出的关于并非少数几部圣徒化的作品而是文学的一般事实（Moretti, 2013）。在这一领域，文本挖掘的可视化较为常见。

文本挖掘方法能够使杂乱无章的文本数据结构化，并通过统计发现内容特征、某些事件趋势或内容背后的意识形态。文本挖掘可以单纯依靠人工，也可以通过计算机算法实现。

以视觉文章（visual essays）阐释文化争议的数字出版物 The Pudding 的可视化作品"The physical traits that define men & women in literature"

(《文学作品如何定义男人与女人的身体特征》),通过对2 000本文学作品(普利策获奖作品或畅销文学)的文本挖掘来揭露文字描述中存在的性别偏见。作者使用了自然语言处理开源库spaCy,对涉及身体部位描述的句子提取如下特征:其一,主语的性别;其二,出现的身体部位;其三,针对该身体部位的形容词(见图1-9a)。

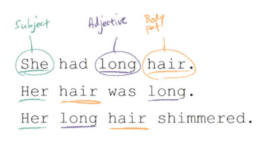

(a)通过算法提取的句子特征

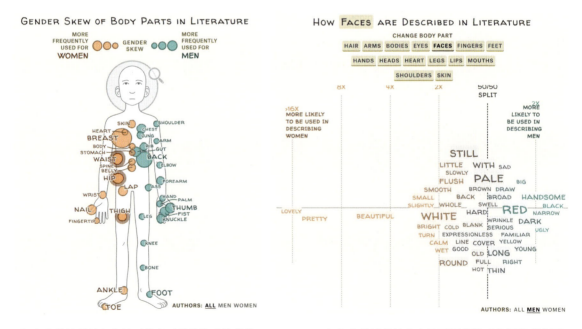

(b)在描述男性和女性时热衷于描述的身体部位　　(c)在描述男性和女性不同部位时使用的形容词

图1-9 "The physical traits that define men & women in literature"

随后，通过公式计算各身体部位和形容词对不同性别而言的权重。统计发现，在描述一位女性时，这些文学作品的作者更倾向于描述胸部、腰部、臀部、指甲等；对男性，则喜欢描写背部、肩膀、手指等（见图1-9b）。

在形容词方面，作者用一张气泡图形式的交互图表来表示描述不同部位时各形容词出现的次数多少，以及被用于描述男性与女性的相对频率。目标部位可以通过点击图表上方的部位名称切换，词汇的尺寸大小表示出现次数的多少。越靠近黑色虚线"50/50 SPLIT"，表示词汇被使用的场景分布越平均；离开虚线越往右，代表越常被用于形容男性，往左则代表越常被用于形容女性。如图1-9c选择的身体部位为脸庞。"苍白""棕色的""肿胀的""严肃的"等形容词在对男性和女性的脸庞描述中以差不多的频率出现，"大""帅气""年轻的"等词在对男性脸庞的描述中出现更多，"白的""圆的""美丽的""可爱的"等词更常被用于形同女性的脸庞。

文本挖掘结果表明，即便是优秀文学作品的作者在创作时也容易被禁锢于对性别气质的刻板印象中。可视化直观地呈现了这一研究结论。

自媒体和机构媒体也常使用文本挖掘。微信公众号"一头倭瓜精"在2021年中国国家公祭日发布了一篇对南京大屠杀的文本挖掘结果。文章采用的文本是南京大屠杀发生时西门子公司驻南京办事处负责人约翰·拉贝的日记。他在大屠杀发生时留守南京，成立国际安全区，保护中国难民。

拉贝的主要信源是在南京的外籍人士或中国难民的叙述。作者清理日记文本，得到了426条日军在南京的暴行记录。日军攻占南京后，针对中国甚至外籍人士的暴行急速上升。在大屠杀前10天（1937年12月13—23日），每天的暴行数量都居高不下。到1938年1月底2月初，暴行数量又激增。这一时期，日军对国际安全区的打击也愈演愈烈（见图1-10a）。

在这些暴行中，发生最频繁的是强奸和偷盗。杀人和逮捕在大屠杀后期有所下降，强迫劳动和强奸未遂却在后期增加（见图1-10b）。据文章所述，这是因为后期许多女性被保护起来，使得日军的侵犯未能得逞，而日军也由此开始强迫中国人帮他们"找女人"。

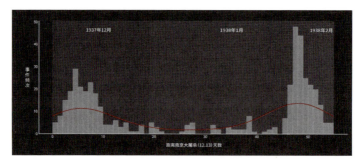

（a）日本人暴行发生时间的可视化

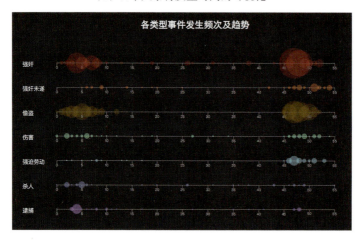

（b）日本人各类暴行发生次数的可视化

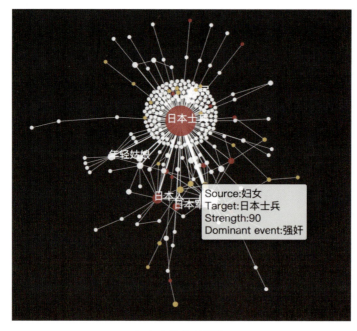

（c）人物共现网络

图1-10 《这个德国人的日记，还原了南京大屠杀的至暗时刻》

作者还制作了一张施虐者与受害人之间的人物共现网络。如果两个人物曾经出现在一条暴行记录中，则两人之间生成一条线。线的宽度表示共现的次数，节点的大小表示出现的频次，节点的颜色表示国籍（红色代表日本，白色代表中国，黄色代表西方）。由图 1-10c 可知，最多的暴行发生在日本士兵与中国妇女之间。

《纽约时报》在特朗普 Twitter 账号被封后的第 11 天，发布了一个可视化作品。它整理了特朗普从 2015 年 6 月宣布参选美国总统到 2021 年 1 月 8 日账号被封期间的所有 Twitter 帖文，罗列出特朗普五年多时间里攻击、吐槽过的所有对象及攻击话术，并用 A—Z 首字母的方式进行排序（见图 1-11）。例如，针对 2020 年美国大选“邮寄选票”的选举方式，特朗普用“a sick joke!”“Big problems”“CORRUPT!”等关键词进行抨击。这是

Mail-in voting

"a sick joke!" "Ballot Hoax!" "Big problems," "CORRUPT!" "Fake, Missing and Fraudulent," "SCAM," "a total MESS," "Big Fraud, Unfixable!" "fraud," "A giant SCAM," "Counterfeit," "Ballot Scam," "election disaster," "Madness!" "MAYHEM!!!" "CRAZY," "a GIFT to foreign interference," "Fake Ballot Rigging Scam!" "Rigged Ballot Scam," "so bad for our Country!" "Ballot Hoax!" "phony Ballot voting Hoax!" "Ballot Scam," "a major threat to our Democracy," "a disaster," "Fraud!" "unfair," "a total fraud in the making," "Unsolicited Ballots Scam," "is very unfair," "a roadmap to disaster," "a catastrophic disaster," "Fraudulent & missing Ballots," "STOP!" "scam!" "Disaster in the wings!" "money wasting HOAX," "So bad for our Country," "Scam," "Voter Scam!" "a corrupt disaster," "a catastrophic disaster," "a great embarrassment to the USA," "dangerous," "disastrous," "a total mess," "The 2020 Election will be totally rigged if Mail-In Voting is allowed to take place," "will lead to the most CORRUPT ELECTION in our Nation's History!" "bad, dishonest and slow," "Just a formula for RIGGING an Election," "stupid," "interfering in the 2020 Presidential Election," "Scam!"

The "mainstream" media

Colin Powell

FORMER SECRETARY OF STATE

"a pathetic interview today," "In his time, he was weak & gave away everything to everybody," "so bad for the USA," "a real stiff," "highly overrated," "I was never a fan," "weak understanding of weapons of mass destruction in Iraq"

Jerome Powell

CHAIR OF THE FEDERAL RESERVE

"slow to act," "Other Central Banks are much more aggressive," "No "guts," no sense, no vision! A terrible communicator!" "don't have a clue," "the naïveté," "doesn't allow us to do what other countries are already doing," "Where did I find this guy Jerome?" "who is our bigger enemy, Jay Powell or Chairman Xi?" "He's like a golfer who can't putt," "has no touch," "don't count on him!" "has called it wrong, and only let us down," "horrendous lack of vision," "clueless Jay Powell," "As usual Powell let us down"

Previous U.S. presidential administrations on China

"incompetence," "had no clue"

J.B. Pritzker

GOVERNOR OF ILLINOIS

"shouldn't be blaming the Federal Government for their own shortcomings"

图 1-11 《纽约时报》“The complete list of Trump's Twitter insults（2015—2021）”

一个很长的可视化作品，并且是可交互的，将鼠标移动至某一关键词上，便会弹出特朗普对应帖文的截图，适合网页端阅读。作品没有对文本进行特殊的处理和分析，只是单纯的罗列。但洋洋洒洒一整篇充分体现了特朗普"Twitter治国"的情绪化。

四 可视化新闻的关键特征

在全新的视觉文化背景下，视觉元素在新闻报道中占据越来越核心的位置。早在2015年，路透社新闻研究所就提出，全球新闻业都在经历两项根本性变革：一是移动端用户的迅速增长，二是社交媒体成为用户浏览新闻的主要渠道。这意味着，新闻业需要适应大众信息消费习惯的转变，找到吸引受众的方式（Reuters Institute，2015）。于是，在社交媒体上分享可视化设计，成为新闻生产流程中的重要环节。媒体会专门调整图表的样式、生成竖屏GIF动画，以适应移动终端和社交媒体传播，为的是引起读者兴趣，提高新闻故事的可见性。研究者访谈了欧洲26家主要新闻机构的编辑负责人、数据记者、开发人员和设计师，确定了可视化新闻数据故事的七个关键特征：数据、可沟通功能、文本-视觉关系、结构、故事设计、交互性、元故事（Weber，Engebretsen & Kennedy，2018）。

随着可视化成为数字时代新闻讲故事的新型样态，传统新闻生产的流程和方式、新闻编辑部的结构和文化都面临挑战，并最终指向机构内部对于新闻操作理念和原则的不同理解。这些变化最先伴随着新闻编辑室中多技能技术专家的出现，不少媒介机构在新员工招聘中优先考虑数据挖掘和可视化相关人才。然而，新闻编辑室的架构不会随可视化的兴起而迅速改变，可视化新闻尚未形成完备的生产流程，其背后的编辑部架构也各有不同。同类可视化报道，在某些新闻编辑部或某些情况下，会由数据团队完成，而在另一些新闻编辑部或者同一个新闻编辑部的不同情况下，可能是由视觉团队完成。无论如何，全新的新闻采编流程和新闻编辑部结构正在出现，以适应可视化新闻生产的需求。新闻编辑部的传统编辑记者也在学习适应新的内部组织管理和新的技术工具，并且迫切需要了解如何进行跨团队和跨专业领域的有效沟通，以生成优质的可视化新闻报道（Kennedy，Allen，Engebretsen，Hill，Kirk & Weber，2021）。

多项研究表明，在可视化新闻的实际操作过程中，最大的挑战之一是时间（Fink & Anderson，2015）：好的可视化表达往往是非标准化的，需要花时间反复调适以找到最好的呈现方式，这与要求快速产出的日常新闻生产相冲突（Smit，de Haan & Buijs，2014）。不仅如此，对于习惯用文字进行思考的记者和编辑来说，他们不止需要学习新的工具和技能，还要转换思维方式，从视觉的角度构思报道。同时，当越来越多视觉设计师、程序员等来自不同背景的专业人士开始进入编辑室时，他们对于新闻价值、新闻与用户的关系有不同的理解。如何找到有效的合作方式，并重新明确新闻操作的原则，是许多机构媒体面临的问题（Appelgren & Nygren，2014）。基于对记者的访谈和对编辑室日常工作的观察，有研究发现，在德国和瑞士，记者依然主导编辑室，设计师和程序员等主要是技术服务提供方，负责实现记者的想法；在《纽约时报》等媒体，无论是程序员、视觉设计师还是数据分析专家，都倾向于将自己看作新闻工作者，并且操作理念基本一致。例如，对于是数据的准确性重要还是视觉的吸引力优先、可视化的作用是辅助说明还是核心叙事，维布克·韦伯（Wibke Weber）和汉内斯·拉尔（Hannes Rall）认为，只有当机构内部对于这些问题有了清晰的共识，才可能形成顺畅有效的工作模式（Weber & Rall，2012）。弗洛里安·斯塔夫（Florian Stalph）、默里·迪克（Murray Dick）等同样提出，编辑室面临的挑战不仅是组织架构和生产流程的改变，更是关于专业新闻理念的探讨和再定义（Dick，2014；Stalph，2020）。

因此，如何从当下数字新闻实践出发，分析可视化新闻相关案例的视觉叙事策略，厘清可视化究竟在哪些维度改变了新闻的含义、重新定义了新闻的价值及新闻与公众的关系，对于理解移动互联网时代数字新闻生产的现状和发展趋势具有重要价值。

本章图片来源

图 1-1　沈芯羽、董必奇、张懿：《数字说丨中国新冠疫苗已出口 28 个国家　各类疫苗产能几何？》（2021 年 3 月 6 日），财新，https://datanews.caixin.com/2021-03-06/101671854.html，最后浏览日期：2021 年 12 月 10 日

图 1-2　王烨、张懿、韦梦：《数字说丨暴雨暴露保护短板　山西如何延续千年古建生命》（2021 年 10 月 17 日），财新，https://datanews.caixin.com/2021-10-17/101787666.html，最后浏览日期：2021 年 12 月 10 日

图 1-3　"The moon," The Galileo Project, accessed December 10, 2021, http://galileo.rice.edu/sci/observations/moon.html

图 1-4　https://www.rct.uk/sites/default/files/collection-online/f/d/262806-1333033147.jpg，最后浏览日期：2021 年 12 月 10 日

图 1-5　"Mapping a London epidemic," National Geographic Society, accessed December 10, 2021, https://www.nationalgeographic.org/activity/mapping-london-epidemic/

图 1-6　Lisseth Boon & Lorena Melendez G., "Canaima: A paradise poisoned by gold," accessed December 13, 2021, https://alianza.shorthandstories.com/canaima-a-paradaise-poisoned-by-gold/index.html

图 1-7　"Exit, 2008−2015," Fondationcartier, accessed April 15, 2022, https://www.fondationcartier.com/collection/oeuvres/exit

图 1-8　Forensic Architecture, accessed April 15, 2022, https://forensic-architecture.org/

图 1-9　Erin Davis & Liana Sposto, "The physical traits that define men & women in literature," The Pudding, accessed March 22, 2022, https://pudding.cool/2020/07/gendered-descriptions/

图 1-10　《这个德国人的日记，还原了南京大屠杀的至暗时刻》（2021 年 12 月 13 日），微信公众号"一头倭瓜精"，https://mp.weixin.qq.com/s/yz1CHZFUMO6u8JQMgEkxKQ，最后浏览日期：2022 年 3 月 22 日

图 1-11　"The complete list of Trump's Twitter insults（2015−2021），" The New York Times, January 19, 2021, accessed March 22, 2022, https://www.nytimes.com/interactive/2021/01/19/upshot/trump-complete-insult-list.html

本章参考文献

安妮·伯迪克等（2018）. 数字人文：改变知识创新与分享的游戏规则. 马林青，韩若画译. 北京：中国人民大学出版社.

陈为，沈则潜，陶煜波等（2019）.数据可视化（第2版）.北京：电子工业出版社.

冯惠玲（2017）.数字人文：在跨界中实现交融.中国社会科学报.2017-12-21.

胡凌（2021）.健康码、数字身份与认证基础设施的兴起.中国法律评论.2：102-110.

胡泳（2012）.推荐序一：生活抵触随机运动吗.载艾伯特-拉斯洛·巴拉巴西.爆发：大数据时代预见未来的新思维.马慧译.北京：中国人民大学出版社.

李点（2017）.人文学科在后理论时代的"数字转向".社会科学报.2017-8-10.

刘驰，胡柏青，谢一等（2017）.大数据治理与安全：从理论到开源实践.北京：机械工业出版社.

尼古拉斯·米尔佐夫（2017）.如何观看世界.徐达艳译.上海：上海文艺出版社.

西蒙·罗杰斯（2015）.数据新闻大趋势：释放可视化报道的力量.岳跃译.北京：中国人民大学出版社.

Appelgren, E. & Nygren, G. (2014). Data Journalism in Sweden: Introducing new methods and genres of journalism into "old" organizations. *Digital Journalism*, 2(3): 394–405.

Asay, M. (2019). How open source changed everything—again: The biggest open source innovations of the decade, from Git and Docker to data science and the cloud. InfoWorld, November 27, 2019, accessed December 13, 2021, https://www.infoworld.com/article/3481661/how-open-source-changed-everything-again.html.

Coddington, M. (2015). Clarifying journalism's quantitative turn: A typology for evaluating data journalism, computational journalism, and computer-assisted reporting. *Digital Journalism*, 3(3): 331–348.

Coleman, E. G. (2013). *Coding freedom: The ethics and aesthetics of hacking*. Princeton, NJ: Princeton University Press.

Dick, M. (2014). Interactive infographics and news values. *Digital Journalism*, 2(4): 490–506.

Fink, K. & Anderson, C. W. (2015). Data journalism in the United States: Beyond the "usual suspects". *Journalism Studies*, 16(4): 467–481.

Friendly, M. (2008). A brief history of data visualization. In Chen, C.. *Handbook of data visualization*. Berlin, Heidelberg: Springer, 15–56.

Kennedy, H., Allen, W., Engebretsen, M., Hill, R. L., Kirk, A. & Weber, W. (2021). Data visualisations: Newsroom trends and everyday engagements. In Bounegru, L. & Gray, J. (ed.). *The data journalism handbook: Towards a critical data practice*. Amsterdam: Amsterdam University Press, 162–173.

Kennedy, H. & Engebretsen, M. (2020). Introduction: The relationships between graphs, charts, maps, meanings, feelings, engagements. In Engebretsen, M. & Kennedy, H.. *Data visualization in society*. Amsterdam: Amsterdam University Press, 19–32.

Kennedy, H. & Hill, R. L. (2018). The feeling of numbers: Emotions in everyday engagements with data and their visualisation. *Sociology*, 52(4): 830−848.

Kennedy, H., Hill, R. L., Aiello, G. & Allen, W. (2016). The work that visualisation conventions do. *Information, Communication & Society*, 19(6): 715−735.

Kirk, A. (2016). *Data visualisation: A handbook for data driven design*. London: Sage.

Kress, G. & van Leeuwen, T. (2020). *Reading images: The grammar of visual design*. London: Routledge.

Lewis, S. C. & Usher, N. (2013). Open source and journalism: Toward new frameworks for imagining news innovation. *Media, Culture and Society*, 35(5): 602–619.

Loosen, W., Reimer, J. & De Silva-Schmidt, F. (2020). Data-driven reporting: An on-going (r)evolution? An analysis of projects nominated for the Data Journalism Awards 2013–2016. *Journalism*, 21(9): 1246−1263.

Manovich, L. (2011). What is visualisation? *Visual Studies*, 26(1): 36−49.

Moretti, F. (2013). *Distant reading*. London: Verso.

Ojo, A. & Heravi, B. (2018). Patterns in award winning data storytelling: Story types, enabling tools and competences. *Digital Journalism*, 6(6): 693−718.

Pérez-Montoro, M. & Veira-González, X. (2018). *Information visualization in digital news media*. Cham: Palgrave Macmillan.

Porter, T. M. (2020). *Trust in numbers: The pursuit of objectivity in science and public life*. New Jersey: Princeton University Press.

Reuters Institute. (2015). Digital news report 2015. accessed May 17, 2021, https://reutersinstitute.politics.ox.ac.uk/our-research/digital-news-report-2015-0.

Segel, E. & Heer, J. (2010). Narrative visualization: Telling stories with data. *IEEE Transactions on Visualization and Computer Graphics*, 16(6): 1139−1148.

Smit, G., de Haan, Y. & Buijs, L. (2014). Working with or next to each other? Boundary crossing in the field of information visualisation. *The Journal of Media Innovations*, 1(2): 36−51.

Stalph, F. (2020). Evolving data teams: Tensions between organisational structure and professional subculture. *Big Data & Society*, 7(1):1−13.

van Dijck, J. (2014). Datafication, dataism and dataveillance: Big Data between scientific paradigm and ideology. *Surveillance & Society*, 12(2): 197−208.

Weber, W. (2020). Exploring narrativity in data visualization in journalism. In Engebretsen, M. & Kennedy, H.. *Data visualization in society*, Amsterdam: Amsterdam University Press, 295−311.

Weber, W., Engebretsen, M. & Kennedy, H. (2018). Data stories: Rethinking journalistic storytelling in the context of data journalism. *Studies in Communication Sciences*,18 (1): 191−206.

Weber, W. & Rall, H. (2012). Data visualization in online journalism and its implications for the production process. 16th International Conference on Information Visualisation. IEEE, 349−356.

第二章

实时追踪：新冠疫情的可视化新闻

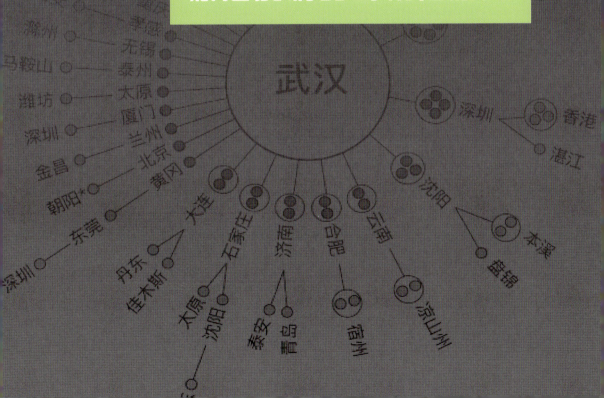

2020年伊始，一场突如其来的新型冠状病毒肺炎疫情在中国各地以至全球蔓延，造成广泛且深远的影响。三年来，在与新冠病毒的较量中，中国主动识变应变，始终把人民群众生命安全和身体健康放在第一位。实践充分证明，党中央确定的疫情防控方针政策是正确的、科学的、有效的。虽然国内外有关流行病个体应急措施的研究已相当丰富（Bish & Michie，2010；Liao et al.，2019），但新冠疫情的独特性和严重性仍令公众有强烈的获取相关信息的需求。在此次疫情相关新闻的传播中，各个互联网公司、自媒体、机构媒体利用大量的病例数据、人口流动、传播路径、科普知识，生产出不同类型的数据新闻和可视化产品，获得了海量的传播量和关注。媒体报道本身不仅成为抗击疫情的重要力量，也构成疫情的社会记忆（李泓冰、周玉桥，2020）。

这些纷繁多样的数据和可视化作品，从静态到动态，从平面到3D，有实时更新的疫情地图、病例人口统计学分析、社交网络可视化、交互时间线、感染人数预测建模，还有解释性视频、动画。我们把这些作品分为三类：第一类，利用可视化来帮助读者理解疫情；第二类，利用其他数据挖掘新的新闻故事；第三类，利用新闻移动应用程序（App）来服务公众。这三类可视化新闻案例，大致可以勾勒出面对新冠疫情这一世界性重大公共卫生事件，中国当下多主体参与、多种技术手段和表现形态的可视化新闻在其中发挥的重要作用，反映了因时因势决策、科学精准防控、卓有成效的中国方案。

一、通过可视化新闻理解疫情

1. Where：疫情地图

19世纪，霍乱在英国多地暴发。1854年，英国医生约翰·斯诺用一张地图分析出霍乱的源头（见图1-5）。百年后，统计学和地图广泛应用于新冠疫情的分析调查。科技赋予了可视化新的活力，不止是新闻媒体，科研机构、自媒体从业者、国际组织、智库创作者们都尝试用多样化、可交互、有温度的图表和地图来描绘疫情发展。

2020年1月21日，互联网医疗平台丁香园上线了疫情地图"新型冠状病毒肺炎疫情实时动态"，截至2021年12月浏览量超过46亿人次[①]，这是中国最早将疫情数据实时化、地图化、互动化的应用（见图2-1）。丁香

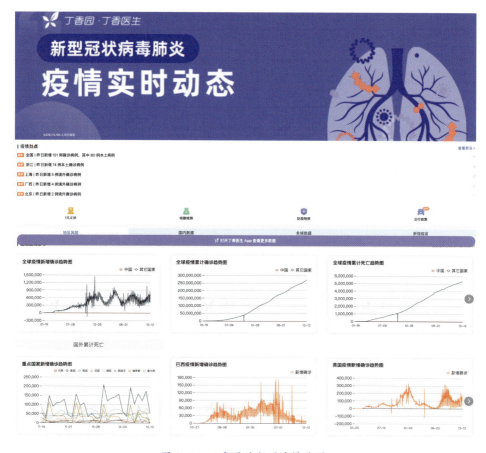

图2-1　丁香园的新冠疫情地图

---

① "新型冠状病毒肺炎疫情实时动态"，丁香园·丁香医生，https://ncov.dxy.cn/ncovh5/view/pneumonia，最后浏览日期：2021年12月13日。

第二章 实时追踪：新冠疫情的可视化新闻

园介绍，一个月内，仅其疫情动态就有 20 多亿次访问[1]。这说明病例的基本数据（包括死亡和治愈等）和分布是公众最急需知晓的疫情信息，也被称为公众了解疫情发展的第一窗口。新闻媒体的类似产品随后跟进，2020 年 1 月 22 日澎湃新闻的实时疫情地图上线（见图 2-2），解放日报·上观新闻在 2020 年 1 月 23 日晚间上线了动态更新的疫情地图（见图 2-3）。

在以往的新闻应用中，地图常被用来展现地理位置与数据之间的关系，动态的交互地图在美国大选新闻报道中是最常见的可视化形式，因此，

图 2-2　澎湃新闻的新冠疫情地图　　　图 2-3　解放日报·上观新闻的新冠疫情地图

---

[1] 参见尤莼洁：《用数据讲好中国抗疫故事》，《传媒评论》2020 年第 4 期。

在新冠疫情期间用地图来描摹疫情相关信息是顺理成章的。以解放日报·上观新闻为例，在2020年1月初全国多地相继公布不明原因的肺炎病例时，编辑部里很快达成了制作地图的共识。编辑、记者、设计师、工程师汇合到一起，用一个下午的时间讨论出页面的基本架构和功能，并确定了一个后台管理系统用来存放和更新疫情数据。随后，大家开始分头进行设计、开发和数据收集的工作。从策划到页面上线，第一个版本只用了48小时，之后不断修改和迭代，功能相对完善和稳定的版本在一周后上线。

在疫情地图的样式中，比较常见的是等值域图（choropleth map）。等值域图是将若干个区域范围内（通常是行政区划）按统计变量成比例着色。以解放日报·上观新闻新冠疫情地图为例，在中国省级行政区地图上，颜色深浅用来呈现地区间疫情的严重程度，颜色越深代表该地区的病例越多。默认辅以全国病例数据折线趋势图，概观疫情随时间的发展走势；点击具体区域，则会出现相应省市的详情数据和折线图（见图2-4）。

除了用颜色深浅来表示数据多少，有些创作者使用的是符号地图——用圆圈叠加在地图层上，圆圈面积表示病例数，如北京大学可视化与可视分析实验室"新型冠状病毒肺炎疫情可视分析系列-全国疫情态势"（见图2-5）。每种地图都有优势与缺陷。当区域数值之间的差距过大时，符号地图能弥补等值域图在细节呈现上的不足。因为人眼对面积大小比对颜色深浅更敏感，面积有助于精确比较差异的大小。但这种表现方式并不适用于展现大面积地图，或是在较小的屏幕上展示，图形会过于密集而影响阅读。

将地图、表格、折线图、柱状图等多种数据图表组合起来并采取动态更新的形式，被称为仪表盘（dashboard）。仪表盘是数据可视化的一种常见工具，通常在商业监测分析和数字化控制场景中用来展示业务数据和关键绩效指标数据。在新冠疫情相关可视化报道中，仪表盘成了较为常用的做法。在国外，政府、国际组织、科研机构对仪表盘的应用主要以大屏排版布局为主，如世界卫生组织的新冠疫情仪表盘（见图2-6）

第二章　实时追踪：新冠疫情的可视化新闻

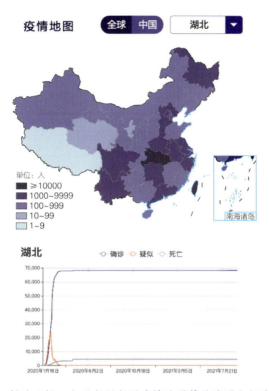

图 2-4　解放日报·上观新闻新冠疫情地图等值域图和折线趋势图

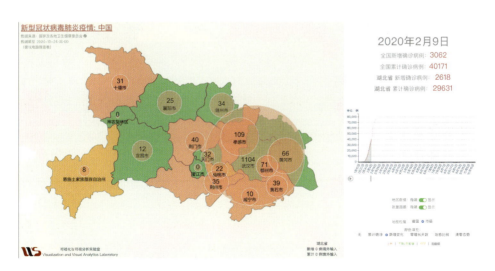

图 2-5　北京大学"新型冠状病毒肺炎疫情可视分析系列-全国疫情态势"

和美国约翰斯·霍普金斯大学制作的日均访问量超 20 亿[①]的疫情追踪器（见图 2-7）。在上文提到的几个案例中，为了满足大多数用户的使用习惯和阅读场景，中国疫情仪表盘在页面设计、交互设计和开发上都使用了移动端优先策略。

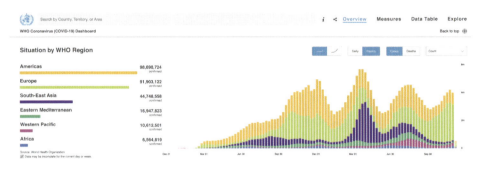

图 2-6　世界卫生组织的新冠疫情仪表盘

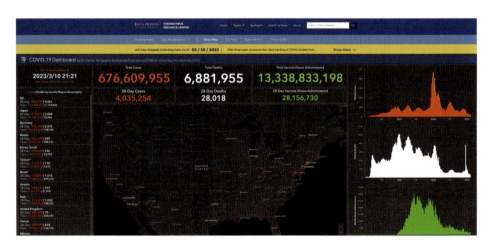

图 2-7　约翰斯·霍普金斯大学的新冠疫情仪表盘

---

① 张凌霄：《日均访问量 20 亿是怎样炼成的？深度对话约翰斯·霍普金斯大学全球疫情地图开发者》（2020 年 4 月 13 日），每经网，http://www.nbd.com.cn/articles/2020-04-11/1424572.html，最后浏览日期：2021 年 10 月 17 日。

第二章　实时追踪：新冠疫情的可视化新闻

随着新冠疫情的发展，地图应用不停地进行功能及版本迭代。例如，在 2020 年 3 月新冠肺炎在全球大流行后，不少疫情地图都增加了全球其他国家的疫情数据，解放日报·上观新闻新增了"新冠肺炎大事记"时间轴（见图 2-8），澎湃新闻在国内确诊病例放缓时增加了"治愈地图"（见图 2-9）。这些调整与坚持科学防治、精准施策，因时因势优化防控措施，以防控战略的稳定性、防控措施的灵活性有效应对疫情形势不确定性的中国方案是分不开的。

图 2-8　解放日报·上观新闻"新冠肺炎大事记"时间轴

图 2-9　澎湃新闻新冠肺炎治愈地图

2. When：趋势变化

折线图可以用来表示数据随时间变化的趋势。在新冠疫情报道中，用折线图描述病例数据随时间变化而增长或下降的趋势是常见的可视化形式之一（见图 2-10）。

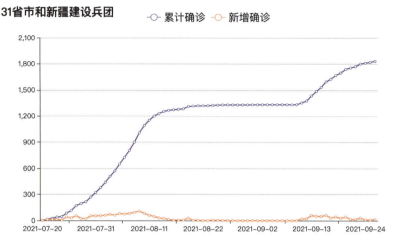

图 2-10　解放日报·上观新闻新冠疫情动态实时数据库

随着数据量和数据维度的增加，折线图出现了许多变种，以描述数量变化之外的更多信息，例如折线图与时间轴相结合（见图 2-11）。

有一种变种形式是采用不同的坐标轴。图 2-12 是英国《金融时报》（*Financial Times*）的各国新增病例图。在图中，x 轴不是自然日，而是对齐时间——各国从感染人数达 200 人开始；y 轴使用了对数坐标，在 y 值变化范围很大时，对数尺度更有利于比较变化。在图中，各国疫情的发展速度对比十分清晰。

动态折线图通常以 GIF 动图或动画视频的形式来展现，既能以更形象的方式展现枯燥的数据变化，也方便在抖音、快手等短视频社交平台上发布和传播。例如解放日报·上观新闻 2020 年 4 月 8 日发布的《今天武汉解封！76 天历史数据看 76 天的等待与变化》短视频，配合音乐更具视觉冲击力（见图 2-13）。

北京大学可视化与可视分析实验室采用了"晴雨表"的可视化方式（见图 2-14）。每个地区每日的新增确诊用方块表示，方块的大小表示病例的数量，方块的颜色表示和前一天比较。这比折线图多了一种视觉通道。通过这种方式，用户既能看到同一天各省市之间的对比，也能快速识别趋势上升或下降的省市。

第二章　实时追踪：新冠疫情的可视化新闻

（a）

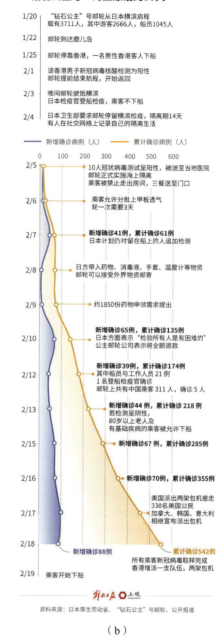

（b）

图 2-11　解放日报·上观新闻《开始下船！复盘"钻石公主"号海上 30 天，日本究竟做错了什么？》

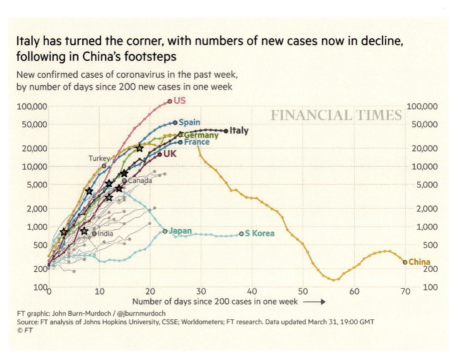

图 2-12 《金融时报》的各国新增病例图

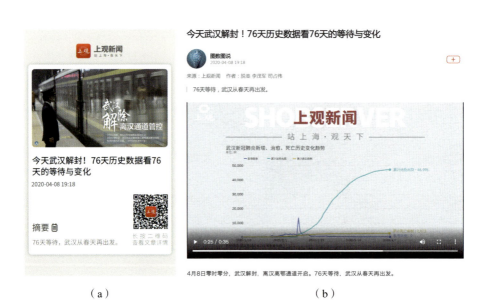

（a） （b）

图 2-13 解放日报·上观新闻《今天武汉解封！76 天历史数据看 76 天的等待与变化》

第二章 实时追踪：新冠疫情的可视化新闻

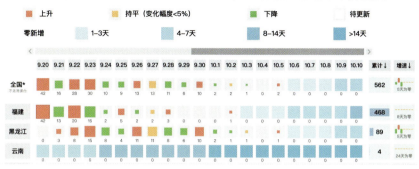

图 2-14 北京大学"新型冠状病毒肺炎疫情可视分析系列-疫情晴雨表"

3. What：什么是新冠病毒

2020 年 2 月 1 日《纽约时报》发表的《新冠病毒疫情能有多糟糕？这里是六大关键问题》用漫画、信息图表等多种图示，从传染率、致死率、传播过程、国际旅行、应对措施、疫苗开发六大方面全面解析新冠病毒（见图 2-15）。

散点图 2-16 从致死率和传播率方面比较新冠病毒与其他流行病病毒。受众可以通过与比较熟悉的传染病（如天花、水痘、埃博拉病毒）的对比，了解新冠病毒到底有多严重。在数据表达中，单个数字呈现往往让人摸不

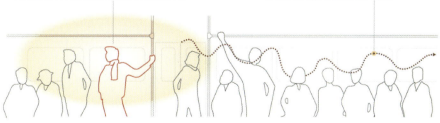

图 2-15 病毒传播速度比较

063

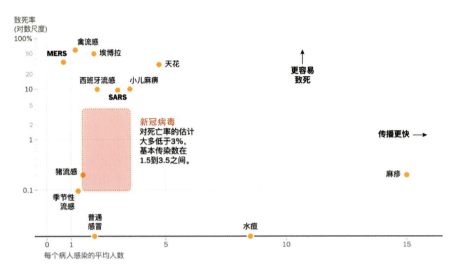

图 2-16 病毒致死率比较

着头脑,只有与其他数据比较才能产生内容含义。例如,"死亡率 1% 至 3%"并不能使受众清楚这意味着什么,而"死亡率大大高于流感,稍低于 SARS"就能让看图的人感受到疫情早期新冠病毒的危险程度。

虽然随着疫情后期医学界对新冠病毒的认识逐渐加深,致死率和传播率数据都有所改变,并且这幅图并未使用非常复杂的可视化技术,但这个报道在疫情早期对受众定位和认识一个陌生的病毒有极大的帮助。可视化专家、耶鲁大学统计学教授爱德华·塔夫特(Edward Tufte)曾提出"数据墨水比"(data-ink ratio)的概念,认为一个出色的可视化设计应该在最短的时间内,使用最少的空间、最少的笔墨为观众提供最多的信息[1]。《纽约时报》的这个案例说明,简洁的解释性图表、图示在新闻领域的应用中能及时、准确、高效地把数据信息传达给受众。

4. How:传播路径

新冠疫情报道内容和形式的多样化得益于中国各省市迅速、详尽的新冠疫情数据信息公开,使得可视化创作者有足够多的数据量和数据维度进

---

[1] 参见 Tufte, E. R., *The visual display of quantitative information* (Second Edition), Cheshire, Ct: Graphics Press,2001。

行挖掘并实现可视化。这也是根据病毒演进趋势不断提高科学精准防控能力的中国方案的基础。

在各省市的新冠疫情通报中，除了基本病理数据，还会提到关于确诊病例的流行病学调查，如密接情况、行程地点、感染来源等。通报文本并非结构化数据，但许多数据新闻团队都将关键信息从文本中提取出来，进行重新编码。一旦零散的数据重新结构化起来，可视化能通过不同的视觉通道呈现数据间隐含的规律。

图 2-17 是 2020 年 5 月 15 日解放日报·上观新闻绘制的吉林省舒兰市病例传染链信息图，用树状图展示一次聚集性疫情新增病例之间的传染链条。树状图最适合表现主干与枝丫之间的层级关系。常见的思维导图其实也是一种树状图。

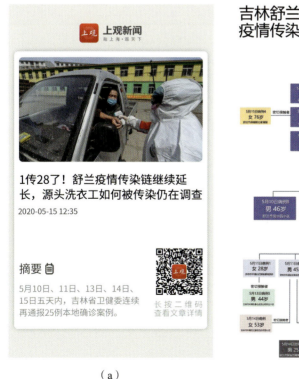

（a）

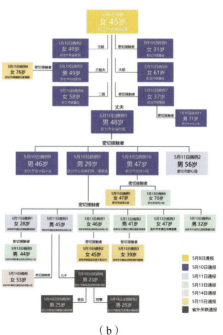

（b）

图 2-17　吉林舒兰聚集病例疫情传染链

2020年2月5日澎湃新闻发布的《763例确诊患者的故事，还原新冠病毒向全国扩散的路径》从公开的506例确诊患者的信息中提取出行程，用的是树状图的变体——环形树状图，呈现疫情如何从武汉扩散到全国各地（见图2-18），展示了精准防控的流调能力。

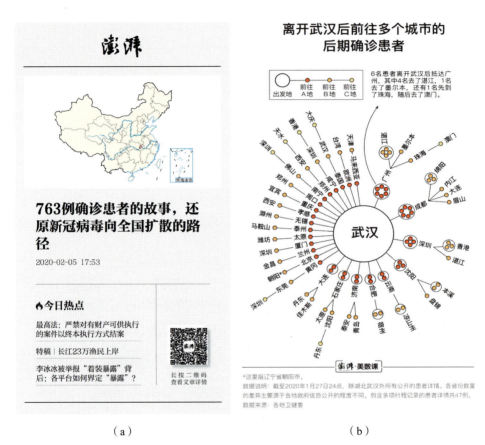

（a） （b）

图 2-18 新冠疫情扩散的路径

5. Why：疫情模拟器

在 2020 年的 Malofiej 奖评选中，《华盛顿邮报》的仿真可视化报道 "Why outbreaks like coronavirus spread exponentially, and how to 'flatten the curve'" 获得金奖（见图 0-1）。仿真可视化也称作模型可视化。图中的每个圆点都代表一个人。《华盛顿邮报》模拟了"自由放任模式""严格强制隔离""保持社交距离"三种状态下，在一个 200 人的小镇里病毒会怎样传播。三段小动画既解释了疫情早期新冠肺炎在美国是如何呈指数级增长，又解释了保持社交距离是如何延缓感染高峰，从而减少医疗机构的压力，避免医疗资源耗尽，即"压平增长曲线"的重要性。这一作品于 2020 年 3 月 14 日推出。与许多同年疫情主题可视化作品相比，它的视觉效果并不是最酷炫或最吸引眼球的，但它在全球疫情暴发初期用最直观的方式向公众解释了流行病学概念"压平增长曲线"，成为新冠疫情可视化经典作品之一，也是《华盛顿邮报》历史上点击最多的作品，点击量是第二名的三倍，在后期被翻译成 13 种语言。

同样的做法在中国也有案例。比《华盛顿邮报》更早，哔哩哔哩（bilibili、B 站）视频博主、科普创作者"Ele 实验室"于 2020 年 2 月 3 日春节假期期间发布了短视频《计算机仿真程序告诉你为什么现在还没到出门的时候！！》（见图 2-19）。程序主要使用 Swing（一个为 Java 设计的 GUI 工

图 2-19　Ele 实验室《计算机仿真程序告诉你为什么现在还没到出门的时候!!》

具包）来绘制图形用户界面（graphical user interface，简称 GUI）。作者以人群的正态分布、新冠病毒的传播率和潜伏期、医院床位作为参数，模拟了在不同的人员流动意向下疫情的传播情况。作者在视频里说："如果文字还不能让你明白待在家里的重要性，那么就让我用这个仿真程序直观地让你感受一下吧。"这个视频播放量超过 400 万次，被人民日报、新华社、央视新闻微信公众号转发。

全球无数科学家和流行病学家都在建模以预测新冠疫情走势，但发表在学术期刊上的文章往往艰深难懂，普通读者也难以接触到。大众传媒和短视频平台上的模拟可视化的模型也许并不复杂和精准，但这些作品用最简洁生动、直观易懂的方式，面向最广大的公众，解释了晦涩的医学概念，完成了科普的使命。

6. Who：数据中的人

数据也许总给人一种冰冷的印象，但在疫情可视化报道中不乏许多有温度、人性化的作品。它们有的关注人群画像，有的关注普通个体，用"人"的故事制造情感体验，引起读者共鸣。

解放日报·上观新闻在 2020 年 1 月 26 日发布了病例画像《新型肺炎值得注意的细节！我们整理了 277 个病例和 41 个死亡案例》，是当时刻画新冠肺炎病例群像最全面的数据新闻。作者从密切接触史、年龄、性别、症状表现、死亡病例特征中找出共性和特性，让公众观察病例的群体面貌（见图 2-20）。在新闻报道之外，解放日报·上观新闻在其网站上公开经收集整理后的病例数据，供其他机构下载和研究（见图 2-21）。这背后的数据采集和整理工作既烦琐又繁重。由于各省市的新冠疫情通报发布时间、发布格式、发布内容都不同且非结构化，为了尽快获得最新数据，解放日报·上观新闻在疫情期间投入了一支团队，团队成员每日值班分工，综合各地区卫生健康委员会（简称卫健委）、央视新闻等权威来源，动态更新数据库。每天手动录入和编码的数据达上千条。为了保证数据的准确性，设有专人对数据进行二次校对。

第二章 实时追踪：新冠疫情的可视化新闻

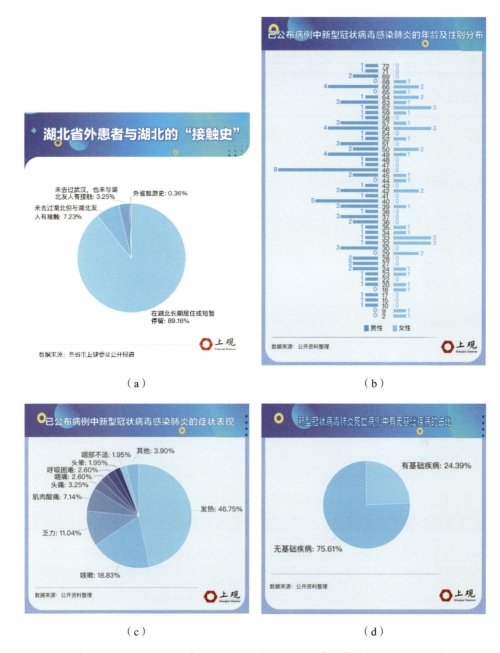

图 2-20 解放日报·上观新闻《新型肺炎值得注意的细节！我们整理了 277 个病例和 41 个死亡案例》

图 2-21 解放日报·上观新闻新型冠状病毒肺炎数据库

随着各地政府逐渐丰富和完善新冠疫情信息公开工作,公众能获取的确诊病例数据越来越多且越来越细。解放日报·上观新闻的数据库从最初的几百例数据到 7 万多条,病例群像的数据新闻帮公众全面认识新冠肺炎打开了一扇窗。

财新的《新冠逝者:献给疫情中离去的生命》用花瓣作意象,为新冠逝者建立了一座数字纪念馆(见图 2-22)。财新从公开信息中收集新冠逝者的信息。每片花瓣都代表一位在新冠中逝去的人。若逝者是医护人员,花瓣上有个红十字。点击花瓣可查看逝者详情。作者韦梦阐述了创作思路。他们用位置、坐标和旋转角度的参数来控制每一片花瓣的形态,实现在花瓣中穿梭的感受。点击任何一片花瓣,都会有相应逝者的详细信息跳出。

最终的主界面就是这样一个花瓣雨。这里面有一个小巧思：如果逝者是一家人，屏幕上会以一朵花的形式来呈现。关于如何建造一座纪念疫情中逝者的数字纪念馆，这个纪念馆不仅仅是为逝者，更是为活着的人有一个地方去寄托思念。项目有两个核心问题——谁值得被纪念和谁会去纪念。纽约"9·11"事件的数字纪念馆没有用国籍、职业或者姓名首字母给逝者

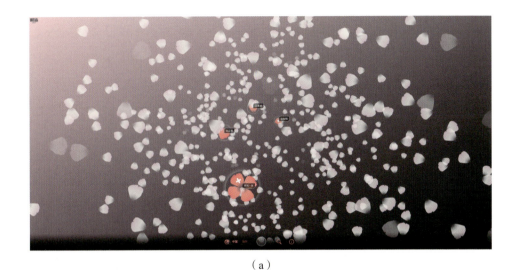

（a）

（b）

图 2-22　财新《新冠逝者：献给疫情中离去的生命》

排序，而是依据他们当时在飞机上的座位进行排序，这是一个非常平等的呈现方式。在寻找哪些人值得被纪念的过程中，他们做了理念层面的改进，从"someone"（有的人）模式转变到"everyone"（每个人）模式。之前，他们会摘取一些被新闻报道过的人的名字收录到纪念者清单中，但转换成"everyone"模式之后，他们便尝试平等地记录每个逝者。他们想让这个作品更有人情味，也希望这个作品能更具有国际视野，因此，除了中国的逝者以外，也可以链接到海外。关于谁会去纪念，有一个关于阿尔茨海默症的网站叫"I-remember"，呼吁每个网友把记录自己生命中真实时刻的图片和文字上传到这个网站。我希望这个项目也可以实现从编辑收录名单到读者自发提供的过程。即使只有一两个读者自发给我们提供线索，我也觉得非常满足，这就是我想做这个项目的初心。还有一点遗憾，由于内容审核和核实的困难，没有真正做成一个 UGC（用户生成内容）的项目。但在作品发布后，仍有网友联系到创作团队，希望能把自己逝去家人的名字收录到纪念馆中①。

《纽约时报》在 2020 年 5 月 24 日报纸头版，整版罗列了 1 000 名新冠肺炎死者的讣告和身份信息，标题为"U.S. deaths near 100 000, an incalculable loss"（《美国死亡人数接近 10 万，不可估量的损失》）②，密集的排版给人强烈的视觉冲击（见图 2-23）。《纽约时报》首席创意总监汤姆·伯德金（Tom Bodkin）表示，该头版是"现代史上的首次"。这篇特殊"报道"的导语写道："他们不仅是一个个名字，他们曾经是我们。数字不可能全面衡量新冠疫情对美国的影响，不管是患者的数量、被打断的工作还是戛然而止的生命。当这个国家接近 10 万人死亡这个灰暗的'里程碑'时，《纽约时报》收集了一些逝者的讣告。这 1 000 人仅仅是死者的百分之一，他们不仅仅是数字。"

---

① 《疫情下的数据叙事｜2020 数据创作者大会演讲实录①》（2020 年 9 月 20 日），澎湃新闻，https://www.thepaper.cn/newsDetail_forward_9262914，最后浏览日期：2021 年 12 月 14 日。
② "U.S. deaths near 100 000, an incalculable loss," *The New York Times*, May 24, 2020, accessed October 17, 2021, https://www.nytimes.com/interactive/2020/05/24/us/us-coronavirus-deaths-100000.html.

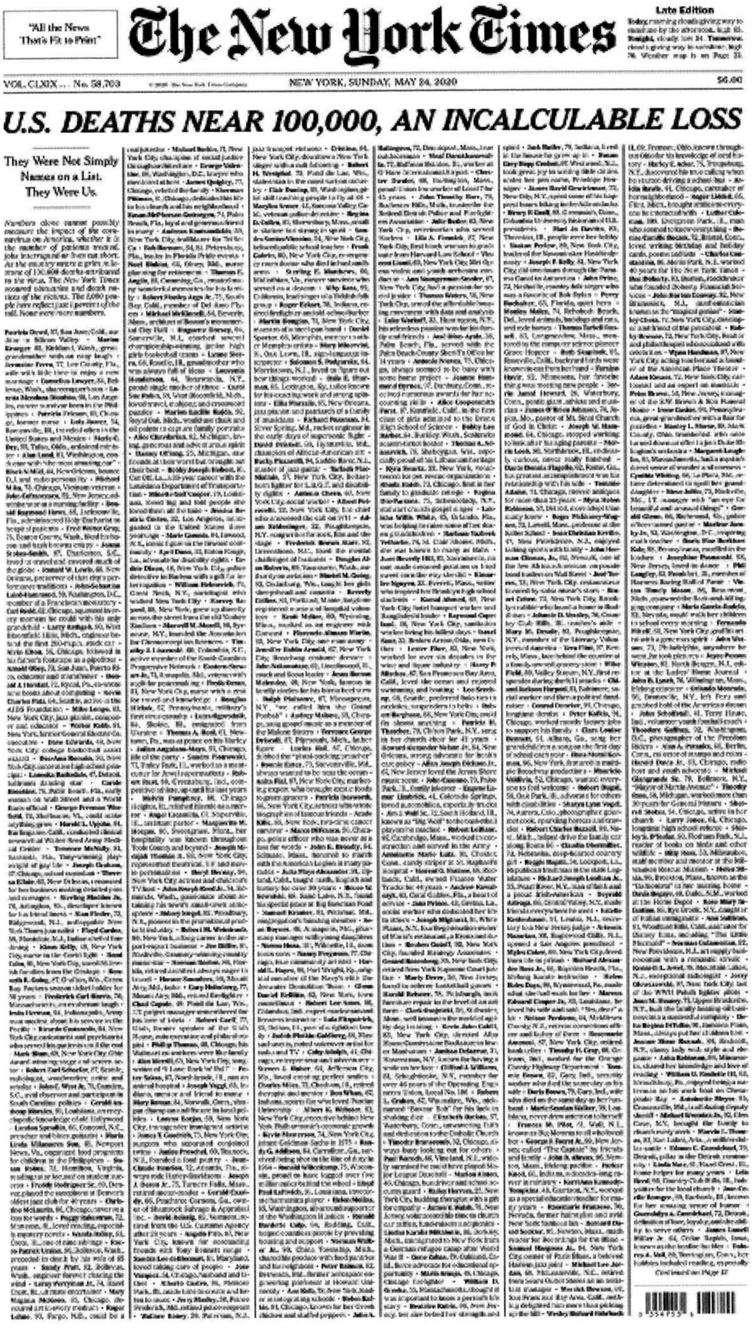
"All the News That's Fit to Print"

The New York Times

Late Edition

VOL. CLXIX ... No. 58,703　NEW YORK, SUNDAY, MAY 24, 2020　$6.00

U.S. DEATHS NEAR 100,000, AN INCALCULABLE LOSS

They Were Not Simply Names on a List. They Were Us.

Continued on Page 12

图 2-23 《纽约时报》“U.S. deaths near 100 000, an incalculable loss”

二、用疫情统计外的数据挖掘新的新闻故事

数据并不是孤立的。除了对疫情数据本身的挖掘、解读和呈现,创作者还采用了许多其他来源的数据来辅助报道,比如人员迁徙、交通往来、经济指标、科研论文、社交媒体上的舆论数据和网络调查数据。有时作为还原疫情传播的工具,有时用于和疫情数据做交叉关联分析,有时用来衡量抗疫政策的有效性,有时用来说明疫情对人们生活的影响。

1. 人员流动和迁徙路线

病毒通过人的流动而扩散,因此,人员的流向至关重要。在疫情报道中,许多数据新闻都围绕人口流动数据、交通数据展开报道。常见的数据来源有:百度迁徙,数据来源于百度 App 定位系统获取的用户位置信息;中国联通的智慧足迹,使用的是运营商中国联通的手机信令数据;百度地图智慧交通,可以用于监测交通枢纽的高峰流量、城市内部人流强度;飞常准 App 则有航空数据。

DT 财经用桑基图展示 2020 年春节前武汉市人口出入的流向(见图 2-24),就来源于百度迁徙。"26 日晚,在湖北省人民政府新闻办公室就新型冠状病毒感染的肺炎疫情防控工作召开的新闻发布会上,武汉市长周先旺表示,因为春节和疫情的影响,'目前有 500 多万人离开武汉,还有 900 万人留在城里'","通过百度迁徙的数据,我们对 1 月 20—23 日武汉人口流向的热门城市进行了统计,这大致代表了春运期间从武汉出发的人,都去了哪里"[①]。

《纽约时报》"How the virus won"(《病毒是怎么赢的》)追踪了美国疫情初期人口迁徙路线,将关系网络置于地图之上(见图 2-25),获得了

[①] DT 财经编辑部:《离开武汉的那 500 万人到底去了哪里?| DT 图说》(2020 年 1 月 27 日),微信公众号"DT 财经",https://mp.weixin.qq.com/s?__biz=Mzg5NDg2NjMyMg==&mid=2247645105&idx=1&sn=41be80dc29ec7f10bc8b8def5d9c4ae1&source=41#wechat_redirect,最后浏览日期:2021 年 12 月 14 日。

第二章 实时追踪：新冠疫情的可视化新闻

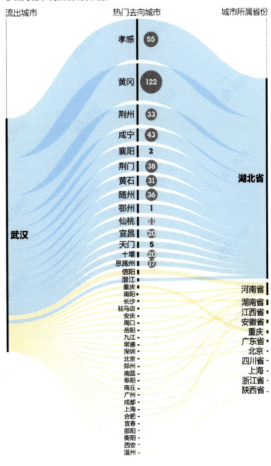

图 2-24 离开武汉的 500 多万人都去了哪里？

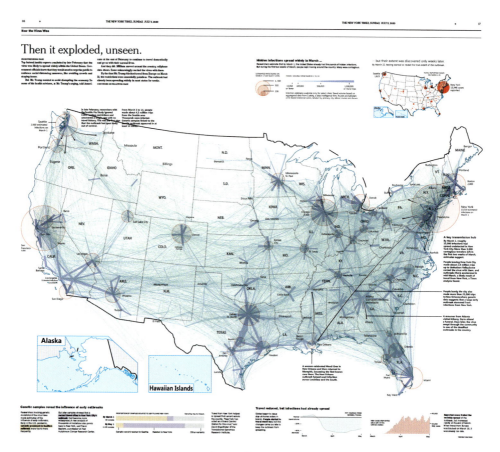

图 2-25　美国疫情初期人口迁徙路线

2020 年 Malofiej 最佳地图（印刷类）奖。该作品在移动端上使用 WebGL 和 Three.js，创造了一个三维空间，让每一个流动的人都化作一颗粒子，数以亿记的粒子嵌入网络并在空间中流动。其移动端版本进入 2020 年 Sigma 数据新闻奖短名单。病毒的传播是无声无形的，可视化团队却能将这种无形绘制出来。"一旦你可以想象那些看不见的东西，那么就更容易理解我们的各种策略不起作用了，封锁为时已晚。"《纽约时报》的创作团队说，"除了作品本身呈现的信息，它还传递了语言不足以表达的领悟——恐惧、敬畏、愤怒、悲伤。最终，正是这些领悟影响深远，展现出数据可视化在一场无所不在的危机中发挥出的独特力量。"①

2. 社交网络及跨平台数据关联

另一个将无形的特征形象化的案例，是中国人民大学新闻学院微信公众号"RUC新闻坊"根据1 183条求助微博描绘出的求助者画像《1 183位求助者的数据画像：不是弱者，而是你我》（见图2-26）。除了传统的社交媒体高频词、文本分析，作者还关联了其他来源的数据挖掘文本背后的故事。例如，抓取5 686个链家小区，将求助患者的地址对应到小区，从而获得求助者所在的街道、区县、房价和房屋年份等信息，通过交叉分析，了解这一群体的处境、经历，以及武汉市医疗资源的匹配程度②，传达了这些微博求助者"不是弱者，而是你我"的情感，让读者在群像中看到自己。

图2-26　1 183条求助微博的词频统计

---

① "The Sigma Awards projects database," Sigma Awards, accessed December 14, 2021, https://sigmaawards.org/how-the-virus-got-out-and-how-the-virus-won/.
② 赵小曼、范举等：《1 183位求助者的数据画像：不是弱者，而是你我》（2020年2月21日），微信公众号"RUC新闻坊"，https://mp.weixin.qq.com/s/0mB03Zp0jaI9uOdx5cbCkg，最后浏览日期：2021年12月14日。

在散点图 2-27 中，横轴是武汉市定点医院的数量，纵轴是武汉市各区求助者的数量，通过展现两者之间的关系，呈现出定点医院覆盖不均衡、市民在交通封锁的情况下辗转于小区与医院之间的困境，为防控措施动态调整提供了参考。

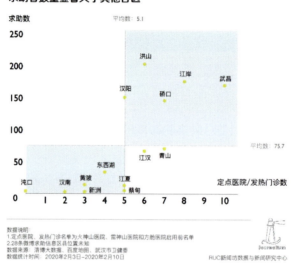

图 2-27　求助者和定点医院的关系

3. 科研网络的数据再发现

解放日报·上观新闻对中国知网（CNKI）上 522 篇关于新冠肺炎的中文论文做了语义网络和合作分析[①]。网络图可视化探究的是不同实体之间的网络关系，在这个例子中呈现的是关键词之间和科研机构之间的互动关系。这种关系本是一种抽象且难以理解的拓扑距离，而网络图可视化可以有效呈现这种距离，因为它把高维度的拓扑距离映射到二维空间中，即我们看到的节点与节点之间的欧式距离——实体之间的关联程度。

---

① 赵鹿鸣、祝晓蒙：《552 篇新冠肺炎中文论文详解：总量超过英文论文，中医视角占 24.4%》（2020 年 2 月 29 日），解放日报·上观新闻，http://data.shobserver.com/www/newsdetail.html?contId=1000922，最后浏览日期：2021 年 10 月 17 日。

第二章　实时追踪：新冠疫情的可视化新闻

例如，通过计算论文关键词的频次、词语之间的共现关系，能够发现哪些关键词居于中心位置（重要程度）、关键词之间的距离（紧密程度）。中文科研领域在关注什么？是谁在中文科研领域发声？从两张网络图（见图2-28）上，解放日报·上观新闻得出了一些有趣的结论：中西医在中文科研领域的成果数量接近一致；中西医的研究话语存在互动；中医药大学及其附属医院位于合作网络中心。

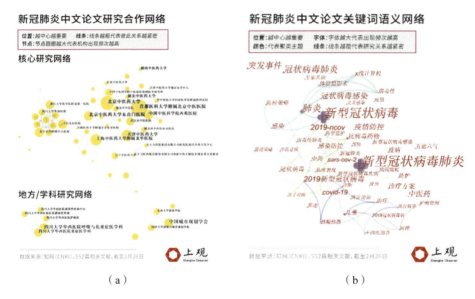

（a）　　　　　　　　　　　　（b）

图2-28　解放日报·上观新闻《552篇新冠肺炎中文论文详解：总量超过英文论文，中医视角占24.4%》

4. 疫情之下的社会经济生活图景

疫情早期各国为避免人口大规模流动和聚集，采取居家隔离、延长假期等防控措施。这不仅对经济造成了巨大的冲击，也改变了全球数十亿人的生活。疫情对生活的影响便是当时数据新闻集中呈现的方向之一。

有些报道通过网络问卷调查关注普通人的心理动态和日常生活（见图2-29、图2-30），有些报道关注宏观经济（见图2-31），有些报道关注各行各业的复工复产情况（见图2-32、图2-33）。问卷数据、交通数据、经济数据、行业数据、消费数据等都被用来呈现疫情带来的方方面面的影响。

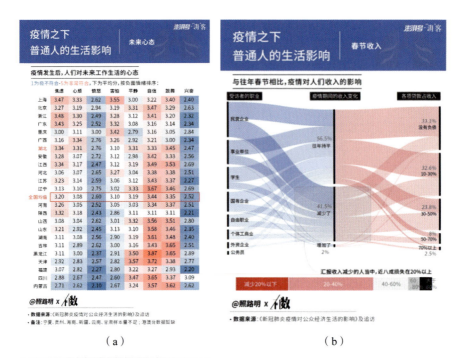

（a） （b）

（c）

图 2-29 澎湃新闻《后疫情时代｜我们如何被新冠肺炎改变了生活？》

第二章　实时追踪：新冠疫情的可视化新闻

（a）

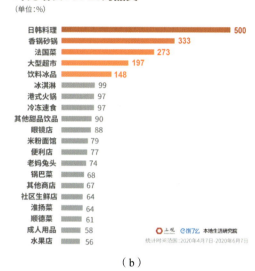
（b）

图 2-30　解放日报·上观新闻《上海最全夜市地图来了！6月夜间消费达去年同期水平，最爱是火锅》

（a）

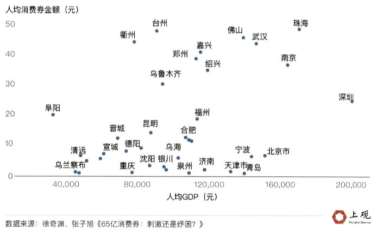
（b）

图 2-31　解放日报·上观新闻《提振经济，为什么有的地方发钱有的发券？这不是一道简单的数学题》

081

图 2-32　解放日报·上观新闻《中国复工复产"火力全开"，来看看你所在的省市进度如何？》

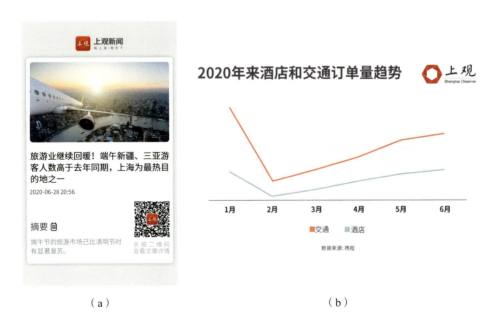

（a）　　　　　　　　　　　　　（b）

图 2-33　解放日报·上观新闻《旅游业继续回暖！端午新疆、三亚游客人数高于去年同期，上海为最热目的地之一》

三、LBS 新闻应用服务公众

得益于大量、全面、详细的疫情信息公开，尤其是病例轨迹的公开，我们能看到许多基于位置的服务（location based services，简称 LBS）在疫情中服务公众。可视化在这里不是以报道和解释为目的，而是一个具有服务功能的软件。这些软件完全是由用户来主导，一般具有几个功能：自动定位用户的地理位置；通过计算距离显示相应信息；地图可放大、缩小，甚至导航；按地区筛选，按关键词查询。

2020 年年初成都一家网络公司开发的"新型肺炎相同行程查询工具"[①]专注于交通工具，整合中央电视台、人民日报等权威媒体和机构公布的零散信息，使用户通过输入日期、车次和地区，即可查询自己是否乘坐过已披露有新型肺炎确诊患者同行的火车、飞机和地铁（见图 2-34）。制作团队介绍，三个人负责数据采集，两个工程师负责代码开发，从想法诞生到系统上线仅用了 5 小时[②]。该工具上线后，得到人民日报和国务院国家政务服务平台的支持，被广泛接入各省市政务服务平台。

许多新闻媒体也独立承担了数据收集、软件设计和开发的工作。例如，2020 年 2 月南方都市报根据疫情通报中公开的确诊病例逗留轨迹制作了"广东确诊病例轨迹查询平台"。通过接入高德地图，用户可以在线查询确诊病例逗留过的场所，也可以根据定位场所查看附近区域疫情情况，信息颗粒度详细到小区和道路。据报道，系统上线第一天就有用户反馈希望把服务范围扩展到全国，最终由 52 名志愿者一起将该项目制作成"全国确诊病例轨迹查询平台"（见图 2-35）[③]。

[①]《速查！新型肺炎确诊患者同行查询工具来了！》，无糖信息-人民日报客户端，https://h5.peopleapp.com/gjzwsearch/index.html，最后浏览日期：2021 年 12 月 17 日。

[②]《成都高新区企业推出"是否与确诊患者同行"搜索工具》（2020 年 1 月 29 日），四川新闻网，http://scnews.newssc.org/system/20200129/001027847.html，最后浏览日期：2021 年 12 月 17 日。

[③] 申鹏、王靖豪等：《南都"病例轨迹查询"平台，覆盖 308 个城市，用户超 3 000 万》（2020 年 2 月 23 日），南方都市报·南都珠海，https://m.mp.oeeee.com/a/BAAFRD000020200222268749.html，最后浏览日期：2021 年 12 月 17 日。

图 2-34　无糖信息-人民日报客户端《速查！新型肺炎确诊患者同行查询工具来了！》

（a）　　　　　　　　　（b）

图 2-35　南方都市报"全国确诊病例轨迹查询平台"

第二章　实时追踪：新冠疫情的可视化新闻

其他省市媒体和中央媒体也各有开发类似产品。例如，人民日报联合腾讯看点推出的"新冠肺炎病例到访小区查询"工具，涵盖深圳、广州、厦门、郑州、西安等130多个城市已公布的确诊患者逗留过的小区/场所，并根据最新信息实时更新（见图2-36）[1]。

"附近的发热门诊和定点医院"也是常见的服务应用之一。财新制作了全国通用的"了解你附近的'新冠肺炎'定点医院"[2]，通过读取用户定位信息，自动显示离用户最近的和十公里内的新冠肺炎定点医院（见图2-37）。国务院（见图2-38）、卫健委、百度、丁香园（见图2-39）等都开发了此

图2-36　人民日报-腾讯看点　图2-37　财新"了解你附近的'新冠肺炎'定点医院"
　　　　"新冠肺炎病例到访
　　　　小区查询"

---

[1]《腾讯看点与人民日报新媒体合作上线"新冠肺炎病例到访小区查询"》（2020年2月10日），腾讯科技，https://tech.qq.com/a/20200210/011135.htm，最后浏览日期：2021年12月17日。
[2] "了解你附近的'新冠肺炎'定点医院"，财新，https://datanews.caixin.com/interactive/2020/fever/，最后浏览日期：2021年12月17日。

（a） （b）

图 2-38 国务院客户端微信小程序

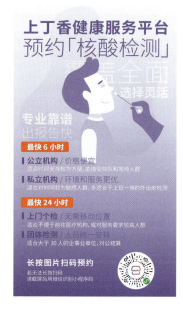

图 2-39 丁香医生微信小程序

类应用。患者只需在手机或电脑上动动手指，即可查询全国各地的发热门诊、医疗救治定点医院名单。这类基于公开数据并不断实时更新的新闻应用程序，在疫情期间为公众提供了最大限度的便利服务。

四 新冠疫情中更多可视化新闻创新

新冠疫情随着时间发展而不断变化，如何把这种动态变化用最合适的方式展现出来，对媒体来说是一种挑战。有研究者对疫情期间668个可视化新闻进行追踪时发现，36%（243个）都有更新。这里的更新并不只是指数值的变化，还有表达样式的变化（Zhang et al., 2021）。例如，《纽约时报》在2020年3月、4月、5月、8月都更改了地图样式（见图2-40）。

中国媒体的新冠疫情地图应用也随病毒演进和防控措施优化调整在不断进行功能及版本迭代。例如，2020年3月新冠肺炎在全球大流行后，不

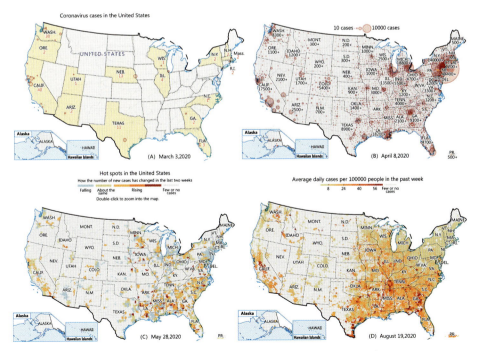

图2-40 《纽约时报》2020年3月、4月、5月、8月新冠疫情地图样式

少疫情地图都增加了全球其他国家的疫情数据，解放日报·上观新闻新增了"新冠肺炎大事记"时间轴，澎湃新闻在中国新增确诊病例放缓时增加了"治愈地图"。澎湃新闻的疫情地图可视化开发者解释了主动迭代的原因："考虑到疫情发展的阶段和读者对于信息获取的需要，我们进行了五次比较大的产品迭代，包括：增加地图二级页面（市一级）；增加折线可视化以展现趋势变化；在中国出院数据多了以后上线了治愈地图，换了一套地图配色；增加国际疫情板块；在境外输入变多以后，增加境外输入的桑基图，来看境外输入的压力。"①

哪些新信息出现了，哪些重要的信息需要被呈现，读者需要什么样的信息，如何更准确和有效地呈现信息，都使得新闻媒体不断地更新统计方法和可视化设计，包括改变视觉编码方式、颜色和设计、交互功能、用户体验。这项工作对新闻团队来说是工作量和人力的挑战，自动化手段出于准确性等原因还未完全应用到实际疫情新闻生产中，疫情数据仍由记者手动收集、整理和填写。澎湃新闻可视化制作团队"美数课"从新冠疫情暴发开始就全团队参与数据收集工作，每日轮班更新，已经更新接近 5 万行的数据。

用户也需要不断、反复地阅读这些可视化新闻来获取最新消息。对于新闻媒体和用户双方来说，可视化都不再是一次性的，而是动态发展的。新冠疫情的可视化能够直接影响到公众对于病毒的认知，从而改变他们的社交行为，而行为又反过来影响这场危机。

由于两年多来新冠疫情全球大流行的持续，相关新闻报道始终占据媒体的重要位置，出现了越来越多的可视化新闻创新。疫情期间，我们见过病例数据（每日新增、累积病例、死亡病例、累积治愈）的大量可视化作品，在形式上大多为柱状图、折线图、疫情地图。瑞士数据新闻记者西蒙·胡维勒（Simon Huwiler）是第一位将新冠肺炎死亡数据谱成八音盒琴

---

① 参见《数据新闻工作者们在疫情报道中做了什么？》（2020 年 3 月 24 日），微信公众号"刺猬深场"，https://mp.weixin.qq.com/s/UgjEePFI6_oY72MqP7Nr9g，最后浏览日期：2021 年 12 月 17 日。

谱的人。

这首名为"Crowns and tears"（《皇冠与眼泪之歌》）的作品以视频形式被上传到视频社交平台 YouTube 上，分为两个版本：一个是录制八音盒运行全过程的纪实版本（见图 2-41a），另一个是动画版本（见图 2-41b）。背景中的蓝色曲线为瑞士自 2020 年 2 月 18 日至 2021 年 3 月每日死亡病例曲线，其余小孔可以理解为音符，决定音乐的旋律。最底下一行的每一个小孔代表一天。

作者最开始的谱曲思路，是想让每一个孔代表一定数量的死亡病例，但之后否决了这一想法。他认为，乐曲中的情感强度不应该靠音符数量上的堆砌来表达，节奏、和弦等才是真正使得音乐鲜活的元素。因此，在最后的成品中，每一个孔并没有特殊的含义，但它们组合成的旋律很贴合死亡病例曲线的走势及背后的情感色彩。例如，在图 2-41a 中，随着死亡病例的下降会出现几段疾速下行的旋律；在图 2-41b 中，死亡病例居高不下，便是一长串同时响起的音符被重复演奏，音符的搭配略有不和谐，刺耳中给人沉重且急促的压迫感。

歌曲的制作和打点通过记谱软件 MuseScore、MusicXML 文件及 Python 实现了视觉和听觉的结合。更重要的是，作品通过音乐将疫情数字背后的情感释放出来：疾病、苦难下的患者不应该只是冷冰冰的数字和数据曲线，他们的生死应该被"耳闻目睹"。整个作品颇具人文主义关怀。

随着全球抗疫的进行，新冠病毒的"底细"已经被人类较为充分地掌握，人们不再如疫情初始那般茫然无措。新闻媒体对新冠疫情的报道主题，从一开始对病毒基本信息的介绍（如 R0 值、病死率）、疫情数据通报、传染路径等，逐渐拓展到防疫常态化下的生活。

例如，学校要重新开放，学生要开始线下上课，那么哪些措施可以削弱新冠病毒在教室中的传播呢？《纽约时报》与建筑系统专家合作，佐证了在学生们都戴口罩、保持社交距离的前提下，教室开窗通风对减少感染概率仍存在重要意义。

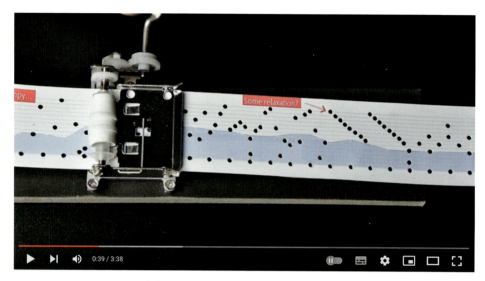

(a)"Crowns and tears"纪实版视频截图

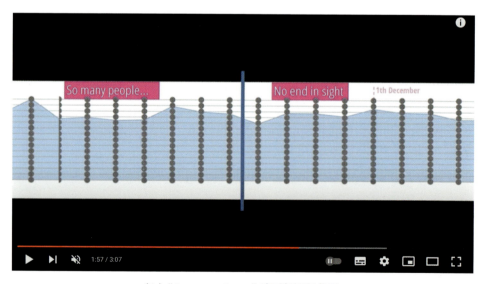

(b)"Crowns and tears"动画版视频截图

图 2-41 "Crowns and tears"

这一可视化新闻作品（见图2-42）对美国纽约市一所公立学校的教室进行实地取景、3D建模，模拟在有一位学生已感染的情况下，闭窗、开窗、开窗加开启通风设备三种模式下的空气循环对室内病毒传播的影响。图中颜色越深表示空气中的病毒浓度越高。显而易见，开窗通风在极大程度上阻碍了病毒在教室内的弥漫。在开窗的基础上加上开启空气净化器和箱式风扇，则对病毒的稀释效果更好。总的来说，教室的通风情况和病毒的传播范围呈反比。

再如，复工复产后在公司有哪些需要注意的防疫准则？路透社咨询了工作场所防疫研究领域的专家，针对在公司可能遇到的三种情境分别设计了小游戏（见图2-43）。

第一款游戏（见图2-43a）是要移动左侧的粉红色小人，成功取到桌子上的物件，并在办公室找到一个合适的座位。整个过程要尽量减少和其他同事（黄色小人）密切接触，最后选择的座位也要保证和同事有隔座，并且没有面对面就坐。

第二款游戏（见图2-43b）是从粉红色小人所在位置出发，移动它，让它顺着办公室规定好的行动方向（紫红色箭头）去取得位于图中右侧桌上的书籍。过程中除了减少和同事（紫色小人）密切接触外，也要注意不能在办公室逆向行走。行动方向的限制避免了人与人的面对面交流。

第三款游戏（见图2-43c）是要在办公室找一个合适的私人空间通话。游戏期间，如果移动粉红色小人到办公室中间的公共区域，游戏会提示公共区域会有很大的人流量，建议换地方。游戏设置的终点是位于办公室最右下角的单人会议室。此外，游戏还会提醒读者在进入会议室时，检查会议室上一次被占用的时间及病毒的消杀情况是否按时进行。

这些可视化作品努力用生动有趣的形式告诉人们如何在全球疫情持续中科学、安全地生活。为保证内容的准确性和可借鉴性，作品都会寻求相应专家的意见或指导。人们的社交行为影响着疫情走向，因此，规范社交行为非常重要。从这一点来看，这些可视化作品也折射出疫情中新闻媒体的社会责任。

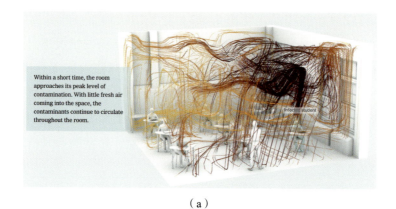

图2-42 《纽约时报》关于新冠病毒在教室闭窗、开窗、开窗加开启通风设备三种模式下的传播情况模拟

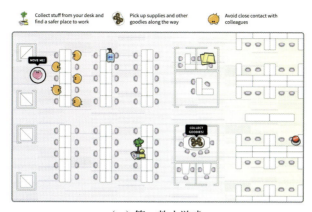

(a)第一款小游戏

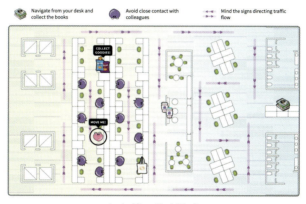

(b)第二款小游戏

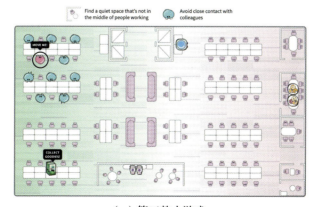

(c)第三款小游戏

图 2-43　路透社"What will it be like when we go back to the office?"

本章图片来源

图 2-1　"新型冠状病毒肺炎疫情实时动态"，丁香园·丁香医生，https://ncov.dxy.cn/ncovh5/view/pneumonia，最后浏览日期：2021年12月13日

图 2-2　"新冠肺炎病例实时数据"，澎湃·美数课，http://projects.thepaper.cn/thepaper-cases/839studio/feiyan/index.html，最后浏览日期：2021年12月13日

图 2-3　"疫情实时动态"，解放日报·上观新闻，https://covid19.shobserver.com/patientManagement/mobile/ncov2019/mapid2，最后浏览日期：2021年10月5日

图 2-4　"疫情实时动态"，解放日报·上观新闻，https://covid19.shobserver.com/patientManagement/mobile/ncov2019/mapid2，最后浏览日期：2021年10月5日

图 2-5　"新型冠状病毒肺炎疫情：中国"，北京大学可视化与可视分析实验室，http://vis.pku.edu.cn/ncov/china_stat/index.html#/，最后浏览日期：2021年12月14日

图 2-6　"WHO Coronavirus (COVID-19) Dashboard," World Health Organization, accessed December 13, 2021

图 2-7　约翰斯·霍普金斯大学新冠疫情仪表盘截屏，https://www.arcgis.com/apps/dashboards/，最后浏览日期：2020年5月5日

图 2-8　"2019新型冠状病毒肺炎数据库"，解放日报·上观新闻，https://covid19.shobserver.com/patientManagement/mobile/ncov2019/map，最后浏览日期：2021年12月13日

图 2-9　"新冠肺炎病例实时数据"，澎湃·美数课，http://projects.thepaper.cn/thepaper-cases/839studio/feiyan/index.html?cure，最后浏览日期：2023年5月30日

图 2-10　"疫情实时动态"，解放日报·上观新闻，https://covid19.shobserver.com/patientManagement/mobile/ncov2019/mapid2，最后浏览日期：2021年12月13日

图 2-11　肖书瑶、曹俊、狄斐：《开始下船！复盘"钻石公主"号海上30天，日本究竟做错了什么？》（2020年2月19日），解放日报·上观新闻，http://data.shobserver.com/www/newsdetail.html?contId=1000966，最后浏览日期：2021年12月14日

图 2-12　FT Visual & Data Journalism team, "Coronavirus tracked: See how your country compares," *Financial Times*, accessed April 1, 2021, https://ig.ft.com/coronavirus-chart/

图 2-13　脱崟、李茂军、司占伟：《今天武汉解封！76天历史数据看76天的等待与变化》（2020年4月8日），解放日报·上观新闻，https://www.shobserver.com/staticsg/res/html/web/newsDetail.html?id=234740，最后浏览日期：2021年12月14日

图 2-14 "新冠病毒肺炎疫情晴雨表",北京大学可视化与可视分析实验室,http://vis.pku.edu.cn/ncov/barometer-sep/index.html,最后浏览日期:2021 年 12 月 14 日

图 2-15 《新冠病毒疫情能有多糟糕?这里是六大关键问题》,《纽约时报》,https://cn.nytimes.com/china/20200201/china-coronavirus-contain/,最后浏览日期:2021 年 10 月 5 日

图 2-16 《新冠病毒疫情能有多糟糕?这里是六大关键问题》,《纽约时报》,https://cn.nytimes.com/china/20200201/china-coronavirus-contain/,最后浏览日期:2021 年 10 月 5 日

图 2-17 顾露亚、李彤彤:《1 传 28 了!舒兰疫情传染链继续延长,源头洗衣工如何被传染仍在调查》(2020 年 5 月 15 日),解放日报·上观新闻,https://www.shobserver.com/staticsg/res/html/web/newsDetail.html?id=248037&sid=67,最后浏览日期:2021 年 12 月 14 日

图 2-18 邹熳云、王亚赛、张轶君、陈良贤:《763 例确诊患者的故事,还原新冠病毒向全国扩散的路径》(2020 年 2 月 5 日),澎湃新闻,https://www.thepaper.cn/newsDetail_forward_5719018,最后浏览日期:2021 年 12 月 14 日

图 2-19 Ele 实验室:《计算机仿真程序告诉你为什么现在还没到出门的时候!!》(2020 年 2 月 3 日),Bilibili,https://www.bilibili.com/video/BV1i7411s74Y,最后浏览日期:2021 年 12 月 14 日

图 2-20 书瑶、彤彤、脱盏、雅文、李雷:《新型肺炎值得注意的细节!我们整理了 277 个病例和 41 个死亡案例》(2020 年 1 月 26 日),解放日报·上观新闻,https://www.shobserver.com/staticsg/res/html/web/newsDetail.html?id=203518,最后浏览日期:2021 年 12 月 14 日

图 2-21 "2019 新型冠状病毒肺炎数据库",解放日报·上观新闻,https://covid19.shobserver.com/patientManagement/mobile/ncov2019/map,最后浏览日期:2021 年 12 月 14 日

图 2-22 《新冠逝者:献给疫情中离去的生命》,财新,https://datanews.caixin.com/interactive/2020/THREEJS/blossom/,最后浏览日期:2021 年 12 月 14 日

图 2-23 "U.S. deaths near 100 000, an incalculable loss," *The New York Times*, May 24, 2020, accessed October 17, 2021, https://www.nytimes.com/interactive/2020/05/24/us-coronavirus-deaths-100000.html

图 2-24 DT 财经编辑部:《离开武汉的那 500 万人到底去了哪里?|DT 图说》(2020 年 1 月 27 日),微信公众号"DT 财经",https://mp.weixin.qq.com/s?__biz=Mzg5NDg2NjMyMg==&mid=2247645105&idx=1&sn=41be80dc29ec7f10bc8b8def5d9c4ae1&source=41#wechat_redirect,最后浏览日期:2021 年 12 月 14 日

图 2-25 Malofiej 官方推特 2021 年 6 月 17 日,https://twitter.com/malofiej/status/14055419

09792055298/photo/1，最后浏览日期：2021年12月6日

图2-26 赵小曼、范举等：《1 183位求助者的数据画像：不是弱者，而是你我》（2020年2月21日），微信公众号"RUC新闻坊"，https://mp.weixin.qq.com/s/0mB03Zp0jaI9uOdx5cbCkg，最后浏览日期：2021年12月14日

图2-27 赵小曼、范举等：《1 183位求助者的数据画像：不是弱者，而是你我》（2020年2月21日），微信公众号"RUC新闻坊"，https://mp.weixin.qq.com/s/0mB03Zp0jaI9uOdx5cbCkg，最后浏览日期：2021年12月14日

图2-28 赵鹿鸣、祝晓蒙：《552篇新冠肺炎中文论文详解：总量超过英文论文，中医视角占24.4%》（2020年2月29日），解放日报·上观新闻，http://data.shobserver.com/www/newsdetail.html?contId=1000922，最后浏览日期：2021年10月17日

图2-29 赵鹿鸣：《后疫情时代丨我们如何被新冠肺炎改变了生活？》（2020年2月10日），澎湃新闻，https://www.thepaper.cn/newsDetail_forward_5878357，最后浏览日期：2021年12月17日

图2-30 蒋雨暄、曹俊：《上海最全夜市地图来了！6月夜间消费达去年同期水平，最爱是火锅》（2020年6月30日），解放日报·上观新闻，https://www.shobserver.com/staticsg/res/html/web/newsDetail.html?id=264532，最后浏览日期：2021年12月17日

图2-31 肖书瑶、朱雅文：《提振经济，为什么有的地方发钱有的发券？这不是一道简单的数学题》（2020年5月20日），解放日报·上观新闻，https://www.shobserver.com/staticsg/res/html/web/newsDetail.html?id=249714，最后浏览日期：2021年12月17日

图2-32 李彤彤、狄斐：《中国复工复产"火力全开"，来看看你所在的省市进度如何？》（2020年3月22日），解放日报·上观新闻，https://www.shobserver.com/staticsg/res/html/web/newsDetail.html?id=226836，最后浏览日期：2021年12月17日

图2-33 娄诗沁、李彤彤：《旅游业继续回暖！端午新疆、三亚游客人数高于去年同期，上海为最热目的地之一》（2020年6月28日），解放日报·上观新闻，https://www.shobserver.com/staticsg/res/html/web/newsDetail.html?id=263920，最后浏览日期：2021年12月17日

图2-34 《速查！新型肺炎确诊患者同行查询工具来了！》，无糖信息-人民日报客户端，https://h5.peopleapp.com/gjzwsearch/index.html，最后浏览日期：2021年12月17日

图2-35 申鹏、王靖豪等：《南都"病例轨迹查询"平台，覆盖308个城市，用户超3 000万》（2020年2月23日），南方都市报·南都珠海，https://m.mp.oeeee.com/a/BAAFRD0000202002222268749.html，最后浏览日期：2021年12月17日

图 2-36 《腾讯看点与人民日报新媒体合作上线"新冠肺炎病例到访小区查询"》（2020年 2 月 10 日），腾讯科技，https://tech.qq.com/a/20200210/011135.htm，最后浏览日期：2021 年 12 月 17 日

图 2-37 财新数据可视化实验室："了解你附近的'新冠肺炎'定点医院"，财新，https://datanews.caixin.com/interactive/2020/fever/，最后浏览日期：2021 年 12 月 17 日

图 2-38 国务院客户端微信小程序，最后浏览日期：2021 年 12 月 17 日

图 2-39 丁香医生微信小程序，最后浏览日期：2021 年 12 月 17 日

图 2-40 Zhang, Y., Sun, Y., Padilla, L., Barua, S., Bertini, E. & Parker, A. G.. "Mapping the landscape of COVID-19 crisis visualizations". In proceedings of the 2021 CHI Conference on Human Factors in Computing Systems (CHI '21), New York, NY, USA, May. DOI: https://doi.org/10.1145/3411764.3445381

图 2-41 Nanoteilchen, "Crowns and tears," YouTube, accessed March 22, 2022, https://www.youtube.com/watch?v=plj-s2xVi50&t=0s

图 2-42 "Why opening windows is a key to reopening the schools," New York Times, February 26, 2021, accessed March 22, 2022, https://www.nytimes.com/interactive/2021/02/26/science/reopen-schools-safety-ventilation.html

图 2-43 "What will it be like when we go back to the office?" Reuters, February 25, 2021, accessed March 22, 2022, https://graphics.reuters.com/GREAT-REBOOT/OFFICE/xlbpgdyjzvq/

本章参考文献

李泓冰，周玉桥（2020）. "看见"的力量——透视疫情报道与国家治理能力现代化. 新闻记者，2：3-11.

Bish, A., & Michie, S. (2010). Demographic and attitudinal determinants of protective behaviours during a pandemic: A review. *British Journal of Health Psychology*, 15(4)：797-824.

Liao, Q., Wu, P., Wing Tak Lam, W., Cowling, B. J., & Fielding, R. (2019). Trajectories of public psycho-behavioural responses relating to influenza A (H7N9) over the winter of 2014-15 in Hong Kong. *Psychology & Health*, 34(2)：162-180.

Zhang, Y., Sun, Y., Padilla, L., Barua, S., Bertini, E. & Parker, A. G. (2021). Mapping the landscape of COVID-19 crisis visualizations. In proceedings of the 2021 CHI Conference on Human Factors in Computing Systems (CHI '21), New York, NY, USA, May. DOI: https://doi.org/10.1145/3411764.3445381.

第三章

重返历史现场：建党百年可视化新闻

中国共产党成立100周年（简称建党百年）无疑是2021年新闻媒体重点报道专题之一。各家媒体在可视化产品上大胆尝试、各显神通，除了常规的信息图、短视频、大屏、移动交互等，也不乏对前沿影像技术的探索。

梳理和分析建党百年的可视化新闻产品，不仅可以让我们了解国内外媒体如何将大数据时代的新闻生产方式运用到传统的主旋律报道中，还可以学习到将历史信息视觉化、以视觉带领受众和移动互联网用户重返历史现场的方式及技巧，呈现和反思数字时代新闻生产融合创新带来的新变化。

一、结构化数据勾勒百年奋斗历程

与建党百年相关的公开数据是海量的。对于用代码实现信息抓取和分析能力有限的团队来说，检索现成数据集是首选方式。

如今，中国官方部门的数据公开意识日渐加强。许多官方数据获取难度小、结构化程度高，用来做数据可视化新闻产品也能大大节省数据获取上的时间成本。

例如，中共中央组织部每年在6月末7月初都会发布《党内统计公报》，公布当年最新的党员数量，以及性别、年龄、学历、民族、工种上的分布等。在庆祝建党百年期间，多家媒体就用该公报的数据做了党员画像的可视化产品。

人民日报的外宣产品"Who are CPC members?"[①]，以短视频的形式，搭配3D数据图，呈现中国共产党员的数量变化及画像（见图3-1）。数据图以用于比较各类别在整体中占比的饼图及树图为主。

---

① "Who are CPC members?" *People's Daily*, July 3, 2021, accessed December 15, 2021, https://peoplesdaily.pdnews.cn/trending/who-are-cpc-members-218208.html.

图 3-1 人民日报 "Who are CPC members?"

在视觉效果上,一颗颗 3D 粒子汇聚成群,构成的体积大小表示占比多少,同时用颜色区分粒子群所代表的群体类别。图与图之间的切换则以粒子的分散、移动、再汇聚来实现。颜色搭配清新,风格简洁。

光明网同样开发了短视频产品①,不过是较简单地用折线图展现从中国共产党第一次代表大会到 2021 年党员的数量变化(见图 3-2)。

《经济学人》(The Economist)在一篇特稿中也用堆叠柱状图的方式还原十几年来中国共产党员职业分布的变化(见图 3-3)。

关于建党百年主题报道,聚焦在中国共产党员身上的可视化新闻作品有很多,也有跳脱出党员画像的思维框架。如图 3-4 所示,这张入围 2021

---

① 《【数据动新闻】9 514.8 万!星星之火,燃起来》(2021 年 6 月 30 日),光明网,https://share.gmw.cn/politics/2021-06/30/content_34962710.htm,最后浏览日期:2021 年 12 月 15 日。

第三章 重返历史现场：建党百年可视化新闻

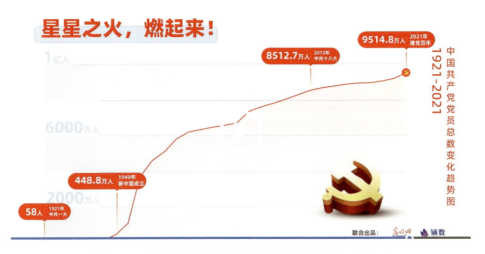

图 3-2 中国共产党党员总数变化趋势图（1921—2021）

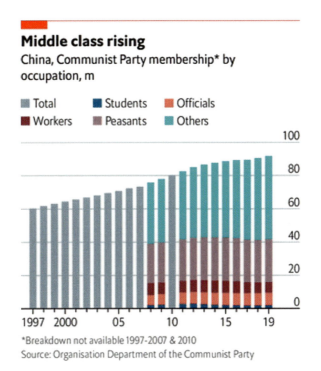

图 3-3 中国共产党员的职业构成

图 3-4　2021 年中国数据内容大赛最佳信息设计海报入围作品《百年党员》

年中国数据内容大赛最佳信息设计海报的作品，梳理了各个意义上第一位中国共产党员，比如中共第一位女党员、中共史上第一位烈士、中共第一位外籍党员等。

海报的信息密度很高，除了生卒年份、入党年份、入党契机等个人信息外，还囊括这些党员的后世纪念地点。部分党员的模块中还搭配了折线图、柱状图、条形图及环形图等来拓展相关知识。

例如，在"中共第一位女党员"部分，条形图回顾了过去几年女党员总数的变化，折线图反映了女党员占比的变化。需要指出的是，旁边环形图的应用是不准确的。如第二章所说，环形图、饼图都适合展示分类的占比情况，而女党员占比历年的提升幅度显然不属于这一范畴。表现数据随时间产生的变化，用柱状图即可。

又如，海报底部的"中共第一位外籍党员"部分，在一张世界地图上标注了中共历史上的特殊群体——外籍党员在各国的分布。

作品的可取之处首先在于角度别出心裁，在大量建党百年可视化作品中，笔者没有翻阅到与之主题重合的作品。其次是海报布局的合理性，在保证高信息密度的同时保证可读性，清晰地传递内容。

中国国际电视台（CGTN）《环球瞭望》（*Global Watch*）汇集国家统计局、国家能源局、国家外汇管理局、农业农村部、奥林匹克委员会等各类官方机构的公开数据，在2021年6月发布了14集系列短视频"数字百年中国"。

每期视频长度不超过3分钟，形式采用动画+主持人解说（见图3-5），主题按照发布的先后顺序依次为经济[1]、农业[2]、工业[3]、教

---

[1] CGTN 环球瞭望：《特别系列报道："数字百年中国"第一集——百年经济数据》（2021年6月15日），央视频，https://w.yangshipin.cn/video?type=0&vid=d000081qy38&ptag=4_2.3.1.23113_copy，最后浏览日期：2021年12月15日。

[2] CGTN 环球瞭望：《特别系列报道："数字百年中国"第二集——百年农业数据》（2021年6月16日），央视频，https://w.yangshipin.cn/video?type=0&vid=t000030ur5j&ptag=4_2.3.1.23113_copy，最后浏览日期：2021年12月15日。

[3] CGTN 环球瞭望：《特别系列报道："数字百年中国"第三集——百年工业数据》（2021年6月17日），央视频，https://w.yangshipin.cn/video?type=0&vid=h000091e67c&ptag=4_2.3.1.23113_copy，最后浏览日期：2021年12月15日。

育[1]、交通[2]、医疗[3]、外资[4]、科技[5]、环保[6]、外贸[7]、城镇化[8]、外汇储备[9]、体育[10]、汽车[11]，介绍了中国宏观经济、产业发展、基础建设、人民生活、社会福利等方面彻头彻尾的改变。

---

[1] CGTN 环球瞭望：《特别系列报道："数字百年中国"第四集——百年教育数据》（2021年6月18日），央视频，https://w.yangshipin.cn/video?type=0&vid=y000017ytgc&ptag=4_2.3.1.23113_copy，最后浏览日期：2021年12月15日。

[2] CGTN 环球瞭望：《特别系列报道："数字百年中国"——百年中国交通》（2021年6月19日），央视频，https://w.yangshipin.cn/video?type=0&vid=m000034p7u7&ptag=4_2.3.1.23113_copy，最后浏览日期：2021年12月15日。

[3] CGTN 环球瞭望：《系列报道"数字百年中国"——百年中国医疗》（2021年6月20日），央视频，https://w.yangshipin.cn/video?type=0&vid=u000064vqbl&ptag=4_2.3.1.23113_copy，最后浏览日期：2021年12月15日。

[4] CGTN 环球瞭望：《系列报道"数字百年中国"——百年中国外资》（2021年6月21日），央视频，https://w.yangshipin.cn/video?type=0&vid=n0000540oag&ptag=4_2.3.1.23113_copy，最后浏览日期：2021年12月15日。

[5] CGTN 环球瞭望：《系列报道"数字百年中国"——百年中国科技》（2021年6月23日），央视频，https://w.yangshipin.cn/video?type=0&vid=l000076xgy2&ptag=4_2.3.1.23113_copy，最后浏览日期：2021年12月15日。

[6] CGTN 环球瞭望：《系列报道"数字百年中国"——百年环保数据》（2021年6月23日），央视频，https://w.yangshipin.cn/video?type=0&vid=z000042lss1&ptag=4_2.3.1.23113_copy，最后浏览日期：2021年12月15日。

[7] CGTN 环球瞭望：《系列报道"数字百年中国"——百年外贸数据》（2021年6月24日），央视频，https://w.yangshipin.cn/video?type=0&vid=d0000607imt&ptag=4_2.3.1.23113_copy，最后浏览日期：2021年12月15日。

[8] CGTN 环球瞭望：《系列报道"数字百年中国"——百年中国城镇化》（2021年6月25日），央视频，https://w.yangshipin.cn/video?type=0&vid=h000007mhwk&ptag=4_2.3.1.23113_copy，最后浏览日期：2021年12月15日。

[9] CGTN 环球瞭望：《系列报道"数字百年中国"——百年中国外汇储备》（2021年6月26日），央视频，https://w.yangshipin.cn/video?type=0&vid=k000028fnva&ptag=4_2.3.1.23113_copy，最后浏览日期：2021年12月15日。

[10] CGTN 环球瞭望：《系列报道"数字百年中国"——百年中国体育发展》（2021年6月27日），央视频，https://w.yangshipin.cn/video?type=0&vid=w000089x1yh&ptag=4_2.3.1.23113_copy，最后浏览日期：2021年12月15日。

[11] CGTN 环球瞭望：《系列报道"数字百年中国"——百年汽车数据》（2021年6月28日），央视频，https://w.yangshipin.cn/video?type=0&vid=e000076o804&ptag=4_2.3.1.23113_copy，最后浏览日期：2021年12月15日。

第三章　重返历史现场：建党百年可视化新闻

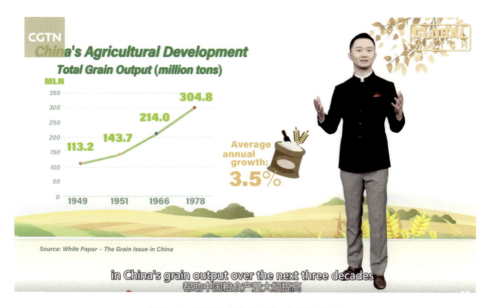

图 3-5 "数字百年中国"系列短视频

然而，这些官方数据最早只能追溯到 1949 年，因此，虽说是"数字百年中国"，实际的时间跨度最多只有 71 年。

二、非结构化数据呈现时代万千气象

非结构化数据的类型有很多，如图像、音频、视频、文本等，以及任何无法用二维表结构来储存的数据。在建党百年可视化新闻里，运用最多的是文本分析。

解放日报·上观新闻也有与党员画像有关的产品——H5《奋斗百年，中国共产党员是怎样的一群人》[①]，但与上述案例不同的是,该产品在统计公

[①]《奋斗百年，中国共产党员是怎样的一群人》（2021 年 6 月 28 日），解放日报·上观新闻，https://web.shobserver.com/thirdParty/2021/fendou100years/index.html，最后浏览日期：2021 年 12 月 15 日。

报数据的基础上加了一些文本分析的结果。

从 1996 年开始，每个建党周年逢五、逢十，或其他个别重要的年份，都会评选"全国优秀党员"。每个时期对优秀党员的要求有什么不同？全国优秀党员是怎样一群人？解放日报·上观新闻利用 TF-IDF 算法对历届表彰文件进行了分析。

TF-IDF 算法，简单来说就是根据关键词在某一特定文件中出现的频次和在所有文件中出现的频次来评估一个关键词对这份文件的重要程度。词的权重会随着它在文件中出现的频次上升，也会随着它在其他文件中出现的频次下降。

上观新闻团队用这种方法，找出每份表彰文件中与共产党员精神品质相关的关键形容词，体现优秀共产党员形象的时代性（见图 3-7）。可视化中词云的大小表示词的权重高低。

这个计算团队通过 Python 中的 scikit-learn 机器学习工具包及自然语言处理常用的分词包 Jieba 实现。过程并不复杂，仅一位记者便完成了数据分析。耗时的是后期设计及开发，由设计师、工程师、文案、产品经理组成的团队，共 7 人。

有时候，分完词不是计算权重，而只单单看频次。

例如，为了解答国内外如何看待中国共产党这个问题，《南方都市报》大数据研究院以百余篇外国政要和学者的专访报道、外媒报道与中国社交媒体上网友评论为语料，以分词的方式量化文本，找出各方评价中国共产党时出现的高频词，用几张词云图完成对党的形象的构建[①]。同样，词的大小表示词出现频次的高低（见图 3-8）。

建党百年报道的文本分析还可以与影视舆情结合。2021 年诞生了不少建党百年献礼片，其中，热度最高的当属《觉醒年代》。有作者梳理了《觉醒年代》自 2021 年 2 月开播以来口碑和流量双双发酵的时间线、网友对剧

---

① 《你的样子！外国政要专家、中国网友眼里的中国共产党》（2021 年 7 月 1 日），南方都市报·南都指数，https://m.mp.oeeee.com/a/BAAFRD000020210630514055.html，最后浏览日期：2021 年 12 月 15 日。

第三章　重返历史现场：建党百年可视化新闻

（a）

（b）

图 3-7
解放日报·上观新闻《奋斗百年，中国共产党员是怎样的一群人》

（c）

（d）

图3-8 《你的样子！外国政要专家、中国网友眼里的中国共产党》词云图

集的评价及剧集本身的话题点等信息，用网友如何热议《觉醒年代》来反映他们如何品味党的这段历史（见图3-9）。

除了分词，该可视化作品还对豆瓣影评进行情感分析（见图3-10）。数值越高代表观众对《觉醒年代》的情感越正面，反之则是负面。在箱形图中，每一个"箱子"上的分界线自上而下分别代表上限、上四分位数、中位数、下四分位数和下限，离散的点则表示个别异常值。

整个可视化产品将各类数据图及文字用WIX做成网页，同时在移动端也做了适配，但在移动端的阅读体验不那么好。因为图中的字号设置过小，

第三章 重返历史现场：建党百年可视化新闻

图3-9 2021年中国数据内容大赛最佳数据内容入围作品《回眸百年 致敬青春：数说〈觉醒年代〉"破壁出圈"》

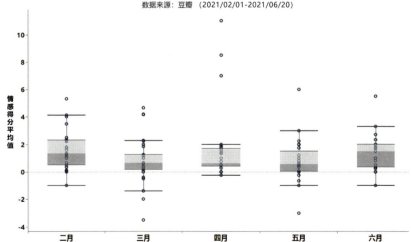

图3-10 2021年中国数据内容大赛最佳数据内容入围作品《回眸百年 致敬青春：数说〈觉醒年代〉"破壁出圈"》

手机屏幕面积有限，无法清楚传达图表的信息。

因此，网页在移动端的适配上，要特别注意图中的字号大小，至少做到清晰可见。

图表也可不以图片的格式插入网页中。现在很多在线可视化工具，如数可视的 Hanabi 花火，可以直接导出图的 <iframe> 代码插入前端，更改参数能调整图表尺寸，还能实现图表的交互效果。

三、通过可视化重返历史现场

历史事件的报道离不开对历史现场的还原。这里的现场指的不是物理空间的现场，而是通过对大量资料的分析及加工，让读者更清晰地认识和了解历史事件的细节。可视化是历史题材新闻报道鲜活和生动地重返历史现场的路径。

我们来看看媒体如何用可视化复刻中国共产党历史上的重要时刻。

解放日报·上观新闻的移动交互产品《信仰之路：穿越百年时空的回响》[1]带领用户重温了 20 余个党的百年历史上的"高光时刻"：从早期的成立、长征、抗战、进京，一直到近十年间的"一带一路"倡议、脱贫攻坚、粤港澳大湾区建设。线下由百余名采编记者组成 41 支融媒体报道队伍，奔赴全国 28 个省、自治区、直辖市，并从各地博物馆、纪念馆里收集资料。

整个主题报道活动从 2020 年 10 月开始，时间跨度长达 9 个月。H5 产品则是对各支报道队伍采编沿途收集来的文字资料及视觉资料的再现（见图 3-11）。例如，中共一大召开时的手绘插画（见图 3-11a）是根据老旧的影像资料还原的，"进京赶考"线路图（见图 3-11b）是设计师对旧地图

---

[1]《信仰之路：穿越百年时空的回响》（2021 年 6 月 30 日），解放日报·上观新闻，https://web.shobserver.com/thirdParty/2021/xinyangzhilu/index.html#/202171，最后浏览日期：2021 年 12 月 15 日。

第三章　重返历史现场：建党百年可视化新闻

（a）　　　　　　　　　　（b）

图 3-11
解放日报·上观新闻《信仰之路：穿越百年时空的回响》H5 截屏

（c）　　　　　　　　　　（d）

进行美化和翻新的结果。

整个产品中大约有 40 张可视化图，由 2 位设计师耗时 10 个工作日完成。

复刻历史资料、用可视化重返历史现场最重要的一点，就是一定要抱着认真严谨的态度去查证所有信息的真实性和准确性。首先，资料的来源要足够权威，如政府机构、档案馆、中央媒体、各红色纪念馆；其次，最好找资深记者或学者做二次确认。尤其是地图类可视化，百年前后地图上的地名、区域划分都有可能出现变化，线路更是失之毫厘则差之千里，要格外小心。

《南华早报》（*South China Morning Post*）的大屏设计"A visual history of China's Communist Party"[①]同样是分阶段回顾党史：建党、长征、革命、改革开放、北京奥运会、脱贫攻坚……但对数据图的运用更加充分。

他们的信息源很丰富，除了国家统计局、中共中央组织部、中共中央纪检委外，还包括学界资料，比如军事科学院军事历史研究部编写的《中国人民解放军全史》，北京大学体育学院、中国工程院相关资料。

《南华早报》对信息的切入角度很新颖，往往在耳熟能详的事件中挖掘用户可能的知识盲区，比如解放战争中解放军解放全国的进程（见图 3-12a）、计划生育政策的调整过程（见图 3-12b），抑或北京奥运会期间北京新建的比赛场馆、临时场馆及翻修场馆的分布（见图 3-12c）。

CGTN 法语频道的移动交互产品"Chine: 100 ans dans le rétro"（《百年跨越》）[②]盘点了中国从抗日战争到脱贫攻坚取得全面胜利的历史。形式上用插画来引出一则则历史故事，再用数据介绍和丰富事件背景。例如，讲到 1950 年颁布《中华人民共和国婚姻法》，宣布男女平等和一夫一妻制，下一页就会用数据介绍当时中国女性的受教育程度、就业权利、政治地位；讲到 1971 年中国重返联合国，下一页便用数据图回顾当年各国表决的结果（见图 3-13）。

[①] "A visual history of China's Communist Party," *South China Morning Post*, July 1, 2021, accessed December 15, 2021, https://multimedia.scmp.com/infographics/news/china/article/3139331/ccp-100year-anniversary/index.html.

[②] "Chine：100 ans dans le rétro," CGTN, April 12, 2021, accessed December 15, 2021, https://francais.cgtn.com/event/2021/Chine100AnsDansLeRetro/index.html.

第三章　重返历史现场：建党百年可视化新闻

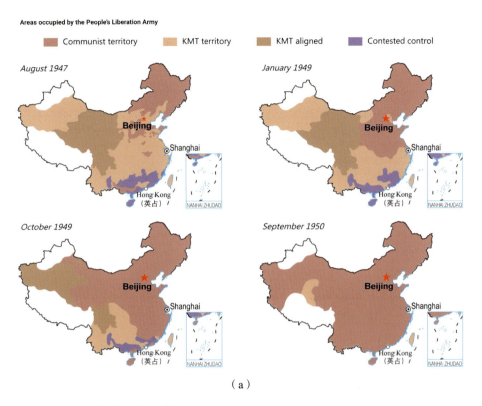

（a）

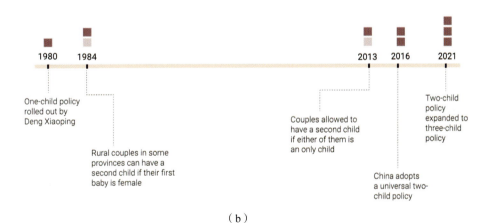

（b）

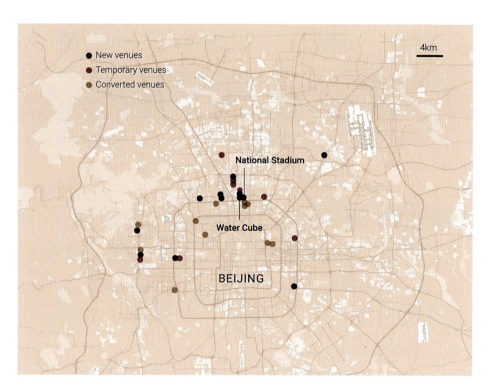

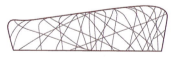
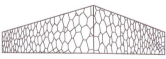

(c)

图3-12 《南华早报》"A visual history of China's Communist Party"

第三章 重返历史现场：建党百年可视化新闻

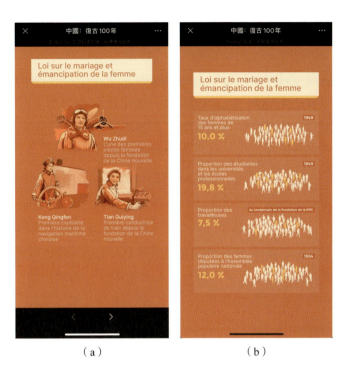

图 3-13 CGTN "Chine：100 ans dans le rétro" H5 截屏

有的产品则聚焦历史上某一具体事件进行深度展现。新华网的移动交互产品《百年前的"90后""00后",给你发来消息》[①],以五四运动为背景,模拟今日青年与五四青年之间的一问一答,引导用户去全面了解这段历史。可视化上运用3D建模技术,重现北京大学学生游行的起点红楼,空间可视化还原北京学生从天安门开始的游行路线。整个产品对五四运动的起因、过程及后续意义进行了全面解析(见图3-14)。

这些重量型产品,在数据检索上拓宽渠道,在数据内容上让用户温故知新,并重视设计上的可读性及生动性,能够避免冗杂,增大阅读趣味。

也有一些相对轻量型的产品。《南方日报》《南方》杂志、"南方+"客户端从2021年3月开始联合推出系列条漫《红色周历》[②]。条漫是一种新的漫画体裁,顾名思义,就是一长条横向或竖向的漫画。该系列每周一期,以一件件革命文物为引子,讲述广东的革命故事(见图3-15)。这个系列一共有14期。

《中国日报》(China Daily)从2021年3月24日至7月1日每天都会发布一张海报,命名为"荣耀之路"(Path to glory)系列,以手绘的形式,按时间顺序重现了百余个中共党史上的重要时刻(见图3-16)[③]。

四、前沿影像技术运用

AR(augmented reality,增强现实)、VR(virtual reality,虚拟现实)、MR(mixed reality,混合现实)等前沿影像技术的诞生拓宽了可视化的外延。"以假乱真"的视觉效果使用户能身临其境,让阅读不再扁平。

---

① 《百年前的"90后""00后",给你发来消息》(2021年5月3日),新华网,http://liveun.news.cn/2021/h5/chatbot/20210504young/index.html,最后浏览日期:2021年12月15日。
② 《红色周历》,《南方日报》《南方》杂志、"南方+"客户端,https://m.nfapp.southcn.com/specialPage/27745/5138580/index.html,最后浏览日期:2021年12月15日。
③ "CPC post—Path to glory," China Daily, accessed December 15, 2021, https://www.chinadaily.com.cn/china/special_coverage/6059b36ba31024ad0bab1145.

第三章 重返历史现场：建党百年可视化新闻

（a）

（b） （c）

图 3-14 新华网《百年前的"90 后""00 后"，给你发来消息》H5 截屏

可视化新闻：数字新闻生产的创新与前瞻

图3-15 《红色周历》系列之一《永不过时的经典"色号"》

第三章 重返历史现场：建党百年可视化新闻

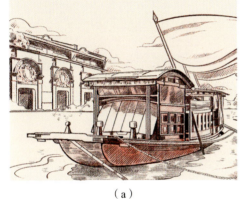

（a） （b）

图 3-16 《中国日报》"荣耀之路"系列海报

新华网的视频《舞动百年芳华》[1]让舞蹈演员在由MR技术搭建的场景中表演，同时搭配文字解说（见图3-17）。产品的内涵是纪念五四精神，鼓励中国青年继往开来。MR构建了极具历史感的背景，还原百年来中国青年觉醒、革命、救国的影像，搭配现代舞，最大限度地在视觉维度上营造出时空穿越的氛围。

同样是运用影像技术，解放日报·上观新闻用AR让无法亲临中共一大纪念馆的人可以"云参观"这幢红色历史建筑。2021年7月1日的《解

---

[1] 《"揭榜挂帅"｜【MR艺术舞蹈】舞动百年芳华》（2021年5月4日），新华网，http://www.xinhuanet.com/video/2021-05/04/c_1211140315.htm，最后浏览日期：2021年12月15日。

图 3-17　新华网《舞动百年芳华》视频截图

放日报》庆祝建党百年特刊，刊登了中共一大纪念馆的照片[①]，通过上观新闻 App 中的"AR 扫描"功能，中共一大纪念馆的 3D 模型就会在屏幕中出现，带来比照片生动的沉浸式视觉效果（见图 3-18）。

解放日报·上观新闻还与青年亚文化影像社区 B 站的 UP 主（上传者）方浪浪合作了一则沙画视频《父亲的寻子启事——寻找共产党员张人亚》（见图 3-19）[②]。

视频讲述革命烈士张人亚 1913 年来上海务工，随后入党、参与革命，在 1932 年积劳成疾病逝后与宁波老家的父亲断了联系的故事。父亲无从得知儿子的死讯，始终盼着儿子回家，还于 1951 年在《解放日报》上刊登寻子启事，但直到逝世都未打听到儿子的下落。

---

① 《解放日报》2021 年 7 月 1 日建党百年特刊第 2—3 版。
② 沈轶伦、束涵、张龑飞:《一则父亲的寻子启事　一次生离死别　一段信仰之旅》（2021 年 6 月 27 日），解放日报·上观新闻，https://web.shobserver.com/staticsg/res/html/web/newsDetail.html?id=379832，最后浏览日期：2021 年 12 月 15 日。

第三章 重返历史现场：建党百年可视化新闻

图 3-18 《解放日报》2021 年 7 月 1 日特刊

该产品的负责人、记者沈轶伦介绍，她在浏览报史时偶然发现了那则寻子启事，而张人亚又是在中共一大纪念馆、中共二大会址纪念馆的展品中都会出现的名字。这勾起了她的好奇心。她通过浏览报史、中共一大纪念馆提供的资料、张人亚老家宁波地区的相关资料、《人民日报》相关报道等，挖掘出张人亚的生平故事，并用沙画的方式来重现。

方浪浪是 B 站知名沙画博主，擅长用沙画重现经典影视剧场景。他的每一则视频都是绘画过程的实录，最高浏览量达到近 200 万。

这样的结合用年轻化的方式推广了老故事，是一次让历史触碰新媒体的尝试。2021 年 6 月 27 日，视频上线后经过全网转发，实现 70 万播放量。

(a)

(b)

(c)

图 3-19　解放日报·上观新闻《父亲的寻子启事——寻找共产党员张人亚》沙画视频截屏

本章图片来源

图 3-1　"Who are CPC members?" *People's Daily*, July 3, 2021, accessed December 15, 2021, https://peoplesdaily.pdnews.cn/trending/who-are-cpc-members-218208.html

图 3-2　《【数据动新闻】9 514.8 万！星星之火，燃起来》（2021 年 6 月 30 日），光明网，https://share.gmw.cn/politics/2021-06/30/content_34962710.htm，最后浏览日期：2021 年 12 月 15 日

图 3-3　"Getting into the vanguard of the Chinese elite," *The Economist*, June 23, 2021, accessed December 15, 2021, https://www.economist.com/special-report/2021/06/23/getting-into-the-vanguard-of-the-chinese-elite

图 3-4　《百年党员》，https://xiongjing38827.lofter.com/post/313e9c92_1cc8ef0a8，最后浏览日期：2021 年 12 月 15 日

图 3-5　CGTN 环球瞭望：《特别系列报道："数字百年中国"第二集——百年农业数据》（2021 年 6 月 16 日），央视频，https://w.yangshipin.cn/video?type=0&vid=t000030ur5j&ptag=4_2.3.1.23113_copy，最后浏览日期：2021 年 12 月 15 日

图 3-6　《百年征程·一带一路》，https://m.weibo.cn/status/4663950761003709?，最后浏览日期：2021 年 12 月 15 日

图 3-7　《奋斗百年，中国共产党员是怎样的一群人》（2021 年 6 月 28 日），解放日报·上观新闻，https://web.shobserver.com/thirdParty/2021/fendou100years/index.html，最后浏览日期：2021 年 12 月 15 日

图 3-8　《你的样子！外国政要专家、中国网友眼里的中国共产党》（2021 年 7 月 1 日），南方都市报·南都指数，https://m.mp.oeeee.com/a/BAAFRD000020210630514055.html，最后浏览日期：2021 年 12 月 15 日

图 3-9　《回眸百年　致敬青春数说〈觉醒年代〉"破壁出圈"》，https://925988008.wixsite.com/the-age-of-awakening，最后浏览日期：2021 年 12 月 15 日

图 3-10　《回眸百年　致敬青春数说〈觉醒年代〉"破壁出圈"》，https://925988008.wixsite.com/the-age-of-awakening，最后浏览日期：2021 年 12 月 15 日

图 3-11　《信仰之路：穿越百年时空的回响》（2021 年 6 月 30 日），解放日报·上观新闻，https://web.shobserver.com/thirdParty/2021/xinyangzhilu/index.html#/202171，最后浏览日期：2021 年 12 月 15 日

图 3-12　"A visual history of China's Communist Party," *South China Morning Post*, July 1, 2021, accessed December 15, 2021, https://multimedia.scmp.com/infographics/news/china/article/3139331/ccp-100year-anniversary/index.html

图 3-13　"Chine: 100 ans dans le rétro," CGTN-Francais, April 12, 2021, accessed December

15, 2021, https://francais.cgtn.com/event/2021/Chine100AnsDansLeRetro/index.html

图 3-14 《百年前的"90 后""00 后",给你发来消息》(2021 年 5 月 3 日),新华网,http://liveun.news.cn/2021/h5/chatbot/20210504young/index.html,最后浏览日期:2021 年 12 月 15 日

图 3-15 《永不过时的经典"色号"》(2021 年 4 月 26 日),南方+,https://static.nfapp.southcn.com/content/202104/25/c5167954.html?specialTopicId=5167954,最后浏览日期:2021 年 12 月 15 日

图 3-16 "CPC posters—Path to glory," China Daily, accessed December 15, 2021, https://www.chinadaily.com.cn/china/special_coverage/6059b36ba31024ad0bab1145

图 3-17 《"揭榜挂帅"|【MR 艺术舞蹈】舞动百年芳华》(2021 年 5 月 4 日),新华网,http://www.xinhuanet.com/video/2021-05/04/c_1211140315.htm,最后浏览日期:2021 年 12 月 15 日

图 3-18 《解放日报》2021 年 7 月 1 日"建党百年"特刊第 2—3 版

图 3-19 沈轶伦、束涵、张骎飞:《一则父亲的寻子启事 一次生离死别 一段信仰之旅》(2021 年 6 月 27 日),解放日报·上观新闻,https://web.shobserver.com/staticsg/res/html/web/newsDetail.html?id=379832,最后浏览日期:2021 年 12 月 15 日

第四章

拓展新闻边界：可视化互动游戏

鸾礼书

永结同心　鸾凤和鸣

百年好合

喜上眉梢

双栖双

"见之不若知之，知之不若行之"，看到的不如了解，了解不如去身体力行。一篇好的文章完成了讲述新闻故事的工作，一个令人惊艳的多媒体新闻产品展示可能会给人留下深刻的印象，但只有亲身参与到新闻故事中，人们才可能会理解和记住。从讲述到展示，再到参与，新闻游戏为用户进入新闻本身打开了一扇门。好的游戏会唤起玩家的强烈情感，可视化新闻游戏也成为媒体机构触达和吸引读者的新工具。

近年来，我们常听到一个词 H5。H5 是 html5（Hyper Text Markup Language 5）的简称，即超文本标记语言的第五代标准。在第五代标准中，一些新的技术使得网页在移动端上呈现出更好的视觉和交互效果（例如手指可以在手机屏幕上绘画），一套代码可以适用 PC 端、移动应用、移动网站、不同浏览器等多个平台。从此，人们更愿意把在手机上见到的具有一些趣味互动或者丰富动效的网页称为 H5。由于人们的阅读习惯逐渐从电脑上、纸上转移到手机上，H5 也被广泛应用在新闻生产中，这给新闻游戏的流行提供了技术土壤。

在新媒体的实践中出现过的可视化新闻游戏可以分为剧情类游戏、测试类游戏、竞技类游戏、定制类游戏。本章将一一讨论这四类新闻游戏的对应案例、适用场景、制作流程等。

一、剧情类游戏

与其让读者阅读一个新闻故事，为何不让数字移动用户一起参与进来，共同演绎一个新闻故事？

《金融时报》(*Financial Times*) 的 "The Uber Game" 获得了 2018 年美国网络新闻奖（Online Journalism Awards）中的"杰出创新视觉与数字

辅助报道奖"①。这个游戏让用户扮演一名优步（Uber）司机，体验司机的日常生活和工作，比如被顾客打低分、天价车辆修理费、完成接单任务等。在某些情节中，用户或玩家可以作出自己的选择，不同的选择会触发不同的事件，也会影响最终的收入。游戏剧情改编自记者对大量真实的网约车优步司机采访获取的第一手日常故事，连车费、行程费、汽车租金都是真实的数据。这个游戏有电脑端和移动端两种适配（见图4-1）。用游戏模拟现实，玩家通过控制剧情的走向承受选择的结果与代价，感受随之而来的失败或成功的情绪。从第三者到当事人，角色扮演的沉浸式体验能让用户通过情感参与，理解新闻故事。

《金融时报》数字交付主管邝彦辉（Robin Kwong）解释说："我们写过很多这方面（零工经济）的故事，但我们想看看能不能帮助人们更好地理解依靠零工经济谋生是什么感觉。"②

剧情类游戏拥有一条核心故事线和若干条不同的分支剧情，让用户从第一人称的视角进入，身临其境，这就大大增强了可视化新闻游戏的主动性和真实感。在中国媒体的实践中，有许多类似作品。例如财新的《通向留学 offer 的 54 条路》③，用户通过选择"上国际学校还是公立学校国际部""留学中介还是自己 DIY""本科出国还是硕士出国"等不同的路径，计算出相应的成本（将图4-2）。

当然，这类可视化新闻游戏都不是独立存在的，而是新闻报道的配套。一般在用户玩过游戏之后，再将游戏背后的故事，即真实发生的事件交代给用户。"The Uber Game"的配套文章名为"Uber：The uncomfortable view from the driving seat"（《优步：驾驶座上令人不适的视角》），描写的是网约

---

① 美国网络新闻奖官方网站，https://awards.journalists.org/entries/the-uber-game/，最后浏览日期：2021年12月22日。
② Jenny Brewer, " The Financial Times launches The Uber Game, an interactive look at life as an Uber driver," It's Nice That, October 9, 2017, accessed December 22, 2021, https://www.itsnicethat.com/news/financial-times-the-uber-game-robin-kwong-091017.
③ 《通向留学 offer 的 54 条路》，财新，https://datanews.caixin.com/mobile/interactive/2019/lxzj/，最后浏览日期：2021年12月18日。

第四章　拓展新闻边界：可视化互动游戏

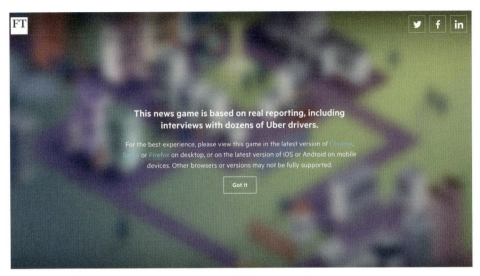

（a）

（b）　　　　　　　　　　（c）　　　　　　　　　　（d）

图 4-1　The Uber Game

（a） （b）

图 4-2 财新《通向留学 offer 的 54 条路》

车优步高速增长的另一面——司机的困境。

  游戏在数字新闻平台中摆放的位置，取决于游戏本身的体量和内容主体的逻辑关系，以及作者想让用户在什么时候进行体验。有时候游戏作为一个独立页面存在，如"The Uber Game"，在读者玩过游戏之后，可以选择延伸阅读。游戏《通向留学 offer 的 54 条路》更轻型化，只是作为一个小的模块，放在导语后、文章主体前。有的可视化互动游戏则是在用户浏览完新闻报道文章后，再附上游戏链接，像埋下的一个彩蛋。在策划阶段，有时在整体构思报道时就把游戏纳入作为其中的一个表现方式，有时则是在报道已经推出后做出的创新尝试。

  解放日报·上观新闻在 2020 年推出的新闻游戏《互动游戏：守护上海堡垒的居然是 ta!》就是基于八个在防疫一线工作的劳动者的新闻故事改

编而成[①]。2020 年 3—6 月，解放日报·上观新闻推出了一系列新闻漫画，漫画的主人翁有病毒检验人员、医院保洁员、机场海关人员、高速道口检查员、城管等，新闻讲述的是他们为了保障城市正常运行所做的防疫工作，体现了科学防疫以人民为本的精神。在这一系列已经刊发的新闻报道的基础上，主创团队希望用一个更具互动性的方式做一个集成，于是选择了一个多线程的剧情类游戏，让用户模拟春节返沪的途中偶遇防疫工作人员的经历。一开始游戏是以互动视频的形式推出，得益于平台网站现有的技术，并不需要工程师参与开发（见图 4-3）。

（a）　　　　　　　　　　（b）

图 4-3　解放日报·上观新闻《互动游戏：守护上海堡垒的居然是 ta!》

---

① 《互动游戏：守护上海堡垒的居然是 ta!》，解放日报·上观新闻，https://data.shobserver.com/web/66/index.html，最后浏览日期：2021 年 12 月 18 日。

制作新闻游戏需要一种跨团队、跨工种的工作方式，通常一个团队中要有产品经理、记者、编辑、设计师、前端开发工程师，如果游戏涉及数据存储和传输，还需要后端工程师的参与，有时记者或者设计师也会兼任产品经理的角色。尽管工作流程是线性的，但设计师和工程师会从策划阶段就开始参与，为视觉风格、交互方式提出可行性或者更具变革性的意见参考。在解放日报·上观新闻的这个案例中还有运营人员的参与，因为游戏在策划之初就打算以交互视频的方式在 B 站上推出，运营人员提前帮助游戏做包装和联系推广。

二、测试类游戏

测试类游戏以趣味性为主，在勾起用户的好奇心后实现新闻和信息的传播。作为新闻主体的"前菜"，这类游戏能够为媒体机构招来流量。

2013 年 12 月，《纽约时报》发布了一款方言测验游戏，该游戏为《纽约时报》带来了巨大的流量[1]。这个测验让读者回答 25 个他们所用单词和习语的相关问题。读者回答完毕，测验答案就会显示读者来自美国哪个州。由于猜得非常准确，这个测验游戏很快流行起来，并成为 2013 年《纽约时报》最受欢迎的故事（见图 4-4）。

还有一种测试类游戏类似于人们日常喜爱的性格测试。例如，解放日报·上观新闻制作的《30 秒！测一测你是进博会哪类顶尖买手》（见图 4-5），澎湃新闻以节能减排为主题制作的《测测你是哪种减碳星人》（见图 4-6）。《测测你是哪种减碳星人》不是以常见的答题跳转或者计分的逻辑进行分类，而是类似"找不同"的游戏，让用户在不同生活场景中寻找可以节能减排的小细节。

---

[1] "How Y'all, Youse and You Guys Talk," *New York Times*, December 21, 2013, accessed December 18, 2021, https://www.nytimes.com/interactive/2014/upshot/dialect-quiz-map.html.

第四章　拓展新闻边界：可视化互动游戏

图 4-4 《纽约时报》"How Y'all, Youse and You Guys Talk"

（a）　　　　　　　　　　　（b）

图 4-5 解放日报·上观新闻《30 秒！测一测你是进博会哪类顶尖买手》

图 4-6 澎湃新闻《测测你是哪种减碳星人》

竞技类游戏

第三种是可视化竞技类新闻游戏,例如答题、拼手速、画图等趣味玩法,最常见的是答题游戏。尤其是知识问答,例如澎湃新闻以改革开放四十周年间的历史事件为素材制作了问答游戏《激荡四十年》[①],上海广播电视台(SMG)看看新闻的"两会"报道互动游戏《两会必答题》(见图 4-7)。知识问答类可视化竞技类新闻游戏也非常适合应用在历史、科普类主题的报道中,如看看新闻的《H5丨中国空间站"天和"核心舱大揭秘》(见图 4-8)、《H5丨快来动手组装月球挖土机》(见图 4-9)。前者的

---

① 《激荡四十年》,澎湃新闻,http://projects.thepaper.cn/interactive/2018/jidang40/index.html,最后浏览日期:2021 年 12 月 18 日。

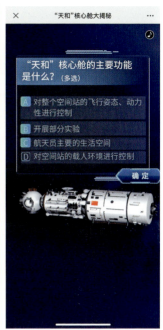

图 4-7（左图）
看看新闻《两会必答题》

图 4-8（右图）
看看新闻《H5｜中国空间站"天和"核心舱大揭秘》

（a）　　　　　　　　（b）　　　　　　　　（c）

图 4-9　看看新闻《H5｜快来动手组装月球挖土机》

问答题共有6—7道，涉及"天和"核心舱的主要功能、内部活动空间范围、支持航天员长期在轨驻留的人数、发射直径和长度、节点舱对接口和停泊口数量等，答题结束会有一段两分钟的新闻视频；后者同样是科普知识性内容，但不是答题，而是设计了可在移动端页面拖动的嫦娥五号组件，不仅可让用户动手"组装"嫦娥五号，而且点击每个部件都可查看该部件的介绍，游戏结束后可选择观看三段新闻视频。

由于H5在各个行业中的流行，答题类游戏已经有许多现成的模板和工具可以在可视化互动新闻游戏里直接套用，例如百度的H5制作工具iH5、木疙瘩。这类工具很容易上手，也不需要任何设计基础和编程基础。这使得缺乏设计师和工程师的新闻机构或没有技术背景的新闻专业学生能够低成本、迅速地生产出交互可视化新闻游戏来。

近两年来，有许多新闻机构的答题类游戏在可视化和交互方式上有更多样的尝试。例如，在澎湃新闻的可视化竞技游戏《激荡四十年》中，除了做选择题，还有引导用户用手指滑动按钮，或者在屏幕中画出折线图（见图4-10）。这些形式新颖、功能丰富的H5，是由产品经理、记者、设计师、前端工程师、后端工程师组成的团队从零开始制作的。

2019年7月1日，上海市开始施行《上海市生活垃圾管理条例》，实施生活垃圾分类。《上海市生活垃圾管理条例》将生活垃圾分为四类，即可回收物、有害垃圾、湿垃圾和干垃圾。个人如果混合投放垃圾，最高可罚200元；单位混装混运，最高可罚5万元[1]。据上海市统计局调查，在被问及"目前推行生活垃圾分类处理的主要障碍"时，16.5%的受访市民选择"市民理解和接受程度不够"[2]。为了帮助上海市民在短时间内学习垃圾分类知识并形成记忆，解放日报·上观新闻制作了一款"垃圾分类大挑战"竞技游戏《答对这100道题，垃圾分类没问题》（见图4-11）。

---

[1] 蔡新华、徐璐：《上海垃圾分类将步入强制时代》（2019年2月15日），人民网，http://env.people.com.cn/n1/2019/0215/c1010-30715370.html，最后浏览日期：2021年12月19日。
[2]《全上海都在竞答，这些垃圾如何分类你都知道吗？一起来挑战吧！》（2018年12月5日），微信公众号"绿色上海"，https://mp.weixin.qq.com/s/0iS9xZkf5Tvz-zSIew7ZSQ，最后浏览日期：2021年12月19日。

第四章　拓展新闻边界：可视化互动游戏

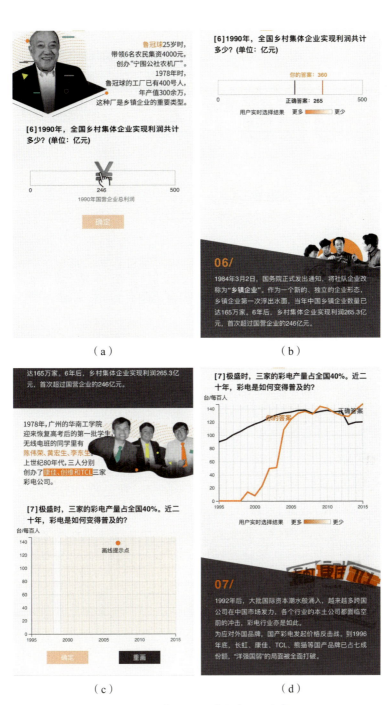

图 4-10　澎湃新闻《激荡四十年》

(a)   (b)

图4-11　解放日报·上观新闻《答对这100道题，垃圾分类没问题》

这款"垃圾分类大挑战"游戏操作十分简单，只需要将页面上方传送带上匀速传来的以图片和文字标示的垃圾，用手势拖动到屏幕下方对应的四个不同类别的垃圾桶内即可，"扔"对显示正确，"扔"错显示错误。

竞技类新闻游戏的难度不能设置太高，因为游戏是为了吸引用户和留住用户，而不是为难用户。如果频繁失败，用户很快就会失去兴趣而后退出页面。因此，在设置垃圾传送的速度时，创作团队经过多轮测试才寻找到一个较为适中的速度。但有时适当增加一点难度，也会激发用户再次挑战的心理，从而使游戏有很高的可重玩性。用户也能在反复玩游戏中加深对垃圾分类知识的记忆。这在传统的新闻产品中并不常见，人们很少会多次去阅读同一篇文章。

在"垃圾分类大挑战"游戏推出之后，上海市绿化和市容管理局联合解放日报·上观新闻重新开发了游戏的竞技版本，举办了"上海市青少年垃圾分类知识竞答活动"①。"垃圾分类大挑战"的竞赛版在原游戏的基础上修改了部分规则,增加了"计时"功能,投错或错过垃圾都会终止游戏;为了增加竞技难度,题目越到后面,难度越大,并且移动速度越快(见图4-12)。用户在"想赢"的心理驱使下会反复参与游戏,从而增强垃圾分类的记忆。

"自2018年12月5日启动至今,已有数万名上海市民在线参与了竞答活动,经过一次次的尝试,逐步了解和掌握了垃圾分类的规则和知识,用手指把虚拟垃圾'扔'进了对应分类的虚拟垃圾桶,并把成绩晒到朋友圈,吸引和带动了更多朋友参与进来。最终,这项竞答已不再局限于青少

图4-12 解放日报·上观新闻"垃圾分类大挑战"

---

① 《这些垃圾如何分类你不一定知道!你是小白、熟手,还是达人?》(2018年12月5日),解放日报·上观新闻,https://www.shobserver.com/staticsg/res/html/web/newsDetail.html?id=119848,最后浏览日期:2021年12月19日。

年，而是成了老少皆宜的'全民竞答'。"① 这款游戏获得了第二十九届上海新闻奖融合传播二等奖②。

　　类似的游戏有看看新闻制作的《来，和世界冠军比拼"抓娃娃"！》。该竞技类游戏类似青少年喜闻乐见的线下抓娃娃机或休闲类抓取小游戏，让用户模拟洋山港吊车司机的抓箱作业，新闻背景是 2017 年上海洋山深水港区四期工程开港，成为全球规模最大、自动化程度最高的集装箱码头。在游戏开始之前，播放了一条 35 秒的竖屏新闻短视频，游戏结束后则是这条新闻直播的预告（见图 4-13）。看看新闻的《夺宝·国家公园》则是为

（a）　　　　　　　　　（b）

图 4-13　看看新闻《来，和世界冠军比拼"抓娃娃"！》

---

① 《喜讯！上海市青少年垃圾分类知识竞答成绩揭晓，看看获奖"达人"里有没有你？》（2019 年 1 月 6 日），解放日报·上观新闻，https://www.shobserver.com/staticsg/res/html/web/newsDetail.html?id=125569，最后浏览日期：2021 年 12 月 19 日。
② 《第二十九届上海新闻奖获奖作品（共 125 件）》，《解放日报》2020 年 11 月 8 日第 12 版。

配合 2018 年 4—5 月的《春暖花开·国家公园等你来》系列主题报道而设计的闯关竞技游戏，用户可以选择六个不同的国家公园，逐一解锁游戏，闯关获得积分，通关的用户可参与抽奖（见图 4-14）。

（a）

（b）　　　　　　　　（c）　　　　　　　　（d）

图 4-14　看看新闻《夺宝·国家公园》

四 定制类游戏

定制生成类游戏的核心在于定制和分享，每个用户都能拥有一个独一无二的游戏结果。这类游戏最有名的案例可属人民日报的《快看呐！这是我的军装照》(简称军装照H5)[①]。这个定制生成类可视化新闻游戏操作十分简单，只有两步：第一步，选择军装年代；第二步，上传用户照片。操作完成后，游戏就会自动生成一张用户身着这个年代军装的照片（见图4-15）。该定制类游戏的技术关键在于第二步，将用户上传的普通个人头像生成军人形象，H5使用的是腾讯出品的全能实用类美图App"天天

图4-15 《快看呐！这是我的军装照》截屏

---

① 《快看呐！这是我的军装照》，人民日报，http://www.h5case.com.cn/case/people-cn/81/，最后浏览日期：2021年12月19日。

P图"提供的接口,其提供的人脸识别技术能够将用户上传的照片与特定形象进行脸部层面融合。该定制生成类新闻可视化游戏于2017年八一建军节推出,在微信朋友圈、微博等社交平台上刷屏,只用了不到十天,军装照H5的点击量就突破了10亿。2018年,在中国新闻奖首次设立的媒体融合奖项中,军装照H5获评一等奖[1]。

人民日报社新媒体中心统筹策划室副主编余荣华介绍,军装照H5在设计上从一开始就激励用户成为主动传播者,让用户自主、自愿分享军装照,获得参与感、认同感和归属感。从后台数据看,截至2017年8月12日,网友将军装照H5的链接分享给好友或微信群的次数超过4 800万次,分享到朋友圈的次数超过1 100万次,分享带二维码的个人军装照的次数更多。由于社交平台用户更倾向于分享与自己相关的内容,因此,定制生成类可视化新闻互动游戏更容易得到二次传播。他认为,在传统媒体时代,新闻信息传递给受众,其效果就达成了,传播基本结束,二次传播、三次传播的概率存在,但很低。在新媒体时代,新闻信息传递给受众,传播才刚刚开始。真正成功的传播会在受众间不断扩散,实现"裂变式传播"[2]。

从这个意义上看,定制类游戏能够很快拉近读者与新闻之间的距离,回答了"这个新闻和我有什么关系"的问题。由于游戏结果高度个性化,用户的参与感和认同感会比之前介绍的角色扮演类、答题类游戏更强烈。因此,定制类游戏能成为新闻媒体中常见的可视化新闻游戏样态之一。

实践发现,定制类游戏比较适合节庆报道和活动报道。2017年11月,解放日报·上观新闻为上海国际马拉松赛制作了H5互动游戏《跑2017年上海马拉松,登解放日报头版头条》,建立了从1996年上海马拉松诞生开始,包括全马、半马、10公里、5公里项目所有参赛者成绩的独家数据库。参赛者只要输入姓名和参赛年份,就能查询自己的参赛成绩,还可以上传

---

[1] 余荣华:《军装情节与裂变传播——人民日报客户端揭秘"军装照"H5为何"刷屏"》(2018年12月25日),国家互联网信息办公室,http://www.cac.gov.cn/2018-12/25/c_1123902380.htm,最后浏览日期:2021年12月19日。
[2] 参见余荣华:《超出预期的互动体验——人民日报新媒体H5创意实践》,《中国记者》2019年第2期,第30—32页。

一张自己的参赛照片，就能生成带有《解放日报》号外头版的专属"头版报道"（见图4-16），并能一键转发到朋友圈或保存到手机中。游戏后台的数据显示，有来自40多个国家的IP访问了这个游戏。

图4-16 《解放日报·上马英雄榜》

类似的定制类可视化游戏还有解放日报·上观新闻在2019年七夕节推出的定制类游戏《白头之约，书向鸿笺——生成属于你自己的婚书》[①]。这个定制生成类游戏是相关报道《图说结婚证书花样变迁，中国人的爱和浪漫都在细节里》的一部分，解放日报·上观新闻以百年来不同的结婚证书上的意象变化，描绘出中国社会婚姻文化变迁。设计团队分解了自清朝

---

① 《"天不老　情难绝"——文书中的中国人婚姻观变化》，解放日报·上观新闻，https://data.shobserver.com/web/87/index.html，最后浏览日期：2021年12月19日。

以来 800 多份婚书，提取、归类整理不同年代婚书中的视觉元素，采用静态和动态（GIF）信息图，以手机端图文可视化呈现；同时选取了具有年代代表性的 6 份婚书作为模板，制作了这款定制小游戏。用户在读完整篇报道之后，可以选择定制属于自己的婚书，挑选喜欢的婚书图案，在历史上真实存在的婚书模板中写上自己的名字（见图 4-17）。有读者留言，他和家人十分喜欢传统婚书中的美好寓意，因此将游戏生成的婚书打印出来留存。

（a） （b）

图 4-17 解放日报·上观新闻《白头之约，书向鸿笺——生成属于你自己的婚书》

在更广义的概念上，定制类游戏属于用户生成内容（user generated content，简称 UGC）的一种——用户产生媒体内容并互相分享。可以说，用户就是媒体内容的一部分。有一些 UGC 应用程序可能并不合适被称为

"游戏",更合适的称呼为新闻应用(news application)。这里的"应用"不是指用来浏览新闻的软件或平台,而是指为某个新闻事件创建的应用程序,如数据库、游戏、表单等。2021年及以前的数据新闻奖(Data Journalism Award,2020年更名为The Sigma Awards)都有一个奖项"年度最佳新闻应用"(Best News Application of the Year),用来评选当年度最优秀的新闻应用程序。

为了纪念汶川地震十周年,澎湃新闻在2018年5月9日发布了《互动H5丨征集"我的汶川记忆":十年前地震时你在哪里?》[①],把新闻故事的讲述权交给当事人——让用户填写2008年汶川地震发生时自己的故事,包括几岁、在哪儿、正在做什么等,经后台审核后信息会更新显示在H5主页面的地图上(见图4-18)。该新闻应用获2019年亚洲出版协会卓越新闻创新荣誉奖(Excellence in Journalistic Innovation-Honorable Mention)。在这个H5中,用户不仅能回忆和撰写自己的故事,还能与他人分享,阅读别人的故事。值得一提的是,产品在推出之初就已经导入由人物组征集的100多份文稿作为初始素材。在这个H5新闻应用推出后三天就收到

图4-18 澎湃新闻《汶川记忆地图:十年前地震时你在哪里?》

[①]《互动H5丨征集"我的汶川记忆":十年前地震时你在哪里?》(2018年5月9日),澎湃新闻,http://projects.thepaper.cn/zt/2018/512_memory/index.html,最后浏览日期:2021年12月19日。

了 1 857 份个人记忆，澎湃新闻将一部分个人新闻故事独立成篇发表，如《"我的汶川记忆"摘选丨不止大半个中国的共振》①，同时对这次采集到的后台内容再次进行挖掘，发表了题为《在 1 857 份汶川记忆里，我们发现了什么？》的综合性可视化新闻报道（见图 4-19）。

值得注意的是，可视化新闻范畴中的可视化互动游戏从来都不仅是游戏，而且是所谓"为新闻而作的游戏"（game for news），与新闻事件和社会现实密切联系在一起。没有人规定可视化互动游戏一定是轻松有趣的。成立于 2008 年、以调查性新闻著称的独立非营利性新闻机构 ProPublica（https://www.propublica.org/）的调查记者兼开发工程师魏思思（音译，Sisi Wei）说："我认为新闻游戏是交互体验和数据可视化的一种延伸。参与新闻游戏和阅读新闻的感受是不一样的，阅读新闻是告诉你更多的信息，但你从来没有被邀请进入。"（Wei，2018）她制作过一个可视化游戏"The Waiting Game"（《等待游戏》）。这个实验性的新闻游戏基于五名来自不同国家、符合 1951 年联合国难民公约定义难民身份的五个标准、到美国寻求庇护的人的真实案例档案，以及对相关医疗和法律专业人士的采访，案例故事以漫画呈现，玩家可选择其中任何一个角色，在游戏中体验这一漫长而痛苦的等待过程（见图 4-20）。

巴西新闻事实核查机构 Agência Lupa 和谷歌合作的项目"如果巴西的新冠死亡病例发生在你的周围"用游戏化的方式展现了一个沉重的事实——巴西疫情的严重程度（见图 4-21）。游戏让用户选择自己在巴西生活的区域，随着时间发展，用户可以看到死亡如何在自己的身边蔓延，如何把一座城市的居民从地图上抹去，而这与现实世界发生的疫情相比只是沧海一粟。

---

① 任雾：《"我的汶川记忆"摘选丨不止大半个中国的共振》（2018 年 5 月 10 日），澎湃新闻，https://www.thepaper.cn/newsDetail_forward_2121387，最后浏览日期：2021 年 12 月 23 日。

可视化新闻：数字新闻生产的创新与前瞻

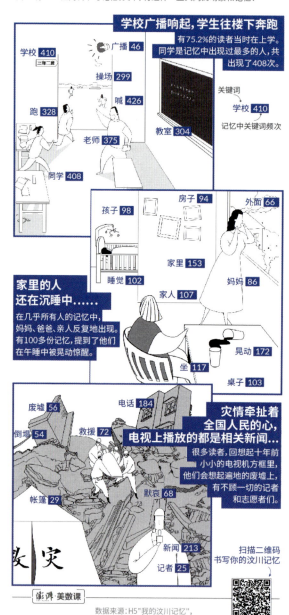

图 4-19　澎湃新闻《在1857份汶川记忆里，我们发现了什么？》

第四章　拓展新闻边界：可视化互动游戏

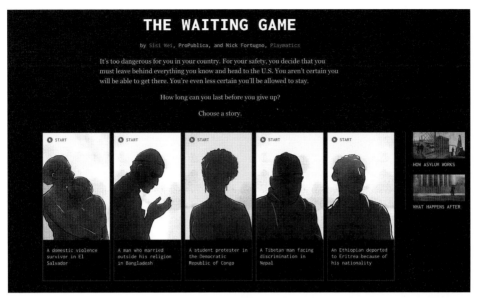

（a）

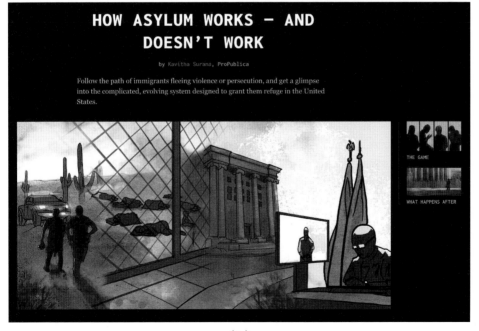

（b）

图 4-20　ProPublica "The Waiting Game"

可视化新闻：数字新闻生产的创新与前瞻

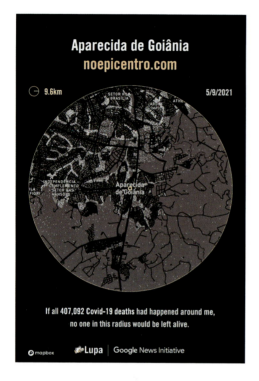

图 4-21 Agência Lupa "如果巴西的新冠死亡病例发生在你的周围"

· 本章图片来源 ·

图 4-1　The Uber Game, *Financial Times*, accessed December 18, 2021, https://ig.ft.com/uber-game/; Facebook-Financial Times, accessed December 18, 2021, https://www.facebook.com/watch/?v=10155827801275750

图 4-2　《通向留学 offer 的 54 条路》，财新，https://datanews.caixin.com/mobile/interactive/2019/lxzj/，最后浏览日期：2021 年 12 月 18 日

图 4-3　《互动游戏：守护上海堡垒的居然是 ta!》，解放日报·上观新闻，https://data.shobserver.com/web/66/index.html，最后浏览日期：2021 年 12 月 18 日

图 4-4　"How Y'all, Youse and You Guys Talk," *New York Times*, accessed December 18, 2021, https://www.nytimes.com/interactive/2014/upshot/dialect-quiz-map.html

图 4-5　《30 秒！测一测你是进博会哪类顶尖买手》，解放日报·上观新闻，https://m.creatby.com/v2/manage/book/3fpajy/，最后浏览日期：2021 年 12 月 18 日

图 4-6　《测测你是哪种减碳星人》，澎湃新闻，http://h5.thepaper.cn/html/zt/2021/07/tzj/index.html，最后浏览日期：2021 年 12 月 18 日

图 4-7 《两会必答题》，看看新闻，https://file01c5ebab5ab1.vrh5.cn/v3/idea/vpwTQFwk?suid=4CB94D43-A08E-49BD-8969-4ADB10AFE4B7&sl=0&unid=ohAJ7wY7lKbn1dLryy3yAdFDenGk&wxid=oKcgE00QRcjam1oRSGqeBoJvyjCM&latestUser=1，最后浏览日期：2021 年 12 月 19 日

图 4-8 《H5｜中国空间站"天和"核心舱大揭秘》，看看新闻，http://h5.kankanews.com/c/jadi/8lno/index.html?t=35187345&custom=&crid=&s=1&prev=kw4nb0635dizd9qedpbmsribpookjkvssrtlhhij&time=1637221376354&from=singlemessage，最后浏览日期：2021 年 12 月 23 日

图 4-9 《H5｜快来动手组装月球挖土机》，看看新闻，http://h5.kankanews.com/c/sylc/etd6/index.html?t=35187345&custom=&crid=&s=1&prev=kw4nd4bwt9eswyypev0lpqcuzs0tasupqbavcyl4&time=1637221429929&from=singlemessage，最后浏览日期：2021 年 12 月 23 日

图 4-10 《激荡四十年》，澎湃新闻，http://projects.thepaper.cn/interactive/2018/jidang40/index.html，最后浏览日期：2021 年 12 月 18 日

图 4-11 《答对这 100 道题，垃圾分类没问题》，解放日报·上观新闻，https://web.shobserver.com/thirdParty/recycling10_ver03/index.html，最后浏览日期：2021 年 12 月 19 日

图 4-12 "垃圾分类大挑战"，解放日报·上观新闻，https://web.shobserver.com/thirdParty/2019/garbage_ver01/index.html，最后浏览日期：2021 年 12 月 19 日

图 4-13 《来，和世界抓箱冠军比拼"抓娃娃"！》，看看新闻，https://file01c5ebab5ab1.vrh5.cn/v3/idea/QPKLP3TJ?suid=4CB94D43-A08E-49BD-8969-4ADB10AFE4B7&sl=0，最后浏览日期：2019 年 12 月 19 日

图 4-14 《夺宝·国家公园》，看看新闻，https://file01c5ebab5ab1.vrh5.cn/v3/idea/u4E8vSeV?suid=4CB94D43-A08E-49BD-8969-4ADB10AFE4B7&sl=0，最后浏览日期：2019 年 12 月 23 日

图 4-15 《快看呐！这是我的军装照》，人民日报，http://www.h5case.com.cn/case/people-cn/81/，最后浏览日期：2021 年 12 月 23 日

图 4-16 《生成你的上马成绩单》，解放日报·上观新闻，https://web.shobserver.com/thirdParty/shangma14/index.html，最后浏览日期：2021 年 12 月 19 日

图 4-17 《白头之约，书向鸿笺——生成属于你自己的婚书》，解放日报·上观新闻，http://marry.tongannet.com/，最后浏览日期：2021 年 12 月 19 日

图 4-18 《汶川记忆地图：十年前地震时你在哪里？》（2018 年 5 月 16 日），澎湃新闻，http://projects.thepaper.cn/thepaper-cases/839studio/?p=929，最后浏览日期：2021 年 12 月 19 日

图 4-19 黄桅、张泽红、张铁君、邹熳云：《数说｜在 1 857 份汶川记忆里，我们发现了

什么？》(2018年5月12日)，澎湃新闻，https://www.thepaper.cn/newsDetail_forward_2125275，最后浏览日期：2021年12月19日

图4-20 The Waiting Game, ProPublica, April 23, 2018, April 15, 2022, https://projects.propublica.org/asylum/

图4-21 Agência Lupa, What if all Covid-19 deaths in Brazil happened in your neighborhood?, July 24, 2020, accessed March 15, 2022, https://piaui.folha.uol.com.br/lupa/epicentro/en/

· 本章参考文献 ·

Wei, S. (2018). Games for News: Inviting readers to participate in the story. Donald W. Reynolds Journalism Institute, University of Missouri, September 10, accessed March 15, 2022, https://rjionline.org/news/games-for-news-inviting-readers-to-participate-in-the-story/

第五章

大版面：技术融合时代传统纸媒的可视化

信息传播技术的融合和移动互联网的发展，改变了传统媒体受众的阅读习惯。如今，公众获取新闻资讯的渠道主要集中在"两微一端一抖"（微信、微博、新闻客户端、抖音），以及一些基于算法推荐的新闻资讯聚合App，鲜少使用纸质媒体。这导致很多纸质端的优秀可视化作品被我们遗忘在无人问津的小角落里。

其实，为推动技术融合和新闻创新，许多传统机构媒体在纸质端的阅读上下足了功夫。例如，《纽约时报》《华盛顿邮报》《南华早报》等都会频繁地在报纸上发布优秀的可视化作品，甚至不吝啬版面资源，经常跨版（用两个版面来发布）。

与面积大小非常有限的移动端设备相比，纸质媒体给可视化提供了更充裕的平面空间，给尺寸、排版、设计带来了更多可发挥性。鉴赏国内外优秀作品，充分呈现可视化新闻在技术融合时代与最传统的纸质媒体相结合的理念和技巧，探究可视化如何开拓报纸信息传达全新疆域，同样有助于我们加深对数字移动时代新闻创新的理解。

一 以可视化呈现为重心的数据新闻

数据新闻是可视化新闻的经典形式，在纸媒上经常得到呈现。纸媒上的数据新闻将重心更多放在数据图的呈现上，以求带给读者强烈的视觉冲击或鲜明的视觉感受。

《南华早报》（*South China Morning Post*）是中国在可视化领域颇有建树的媒体，多次获得 Sigma Awards[①]——一项旨在表彰优秀数据新闻作品的全球性竞赛，与世界新闻设计大赛（SND）一起被称为新闻设计界的奥斯卡。

---

① South China Morning Post 2020 Awards, accessed December 19, 2021, https://corp.scmp.com/2020-awards/.

"Big Brother is watching you"（《老大哥正在看着你》）[①]是2019年10月《南华早报》发布的作品。此处的"Big Brother"指城市中的闭路电视（closed-circuit television），即我们常说的监控。

全球城市的监控器配备数量正逐年上升。用监控布防有利于维护城市治安、降低犯罪率，同时也对公民在公共场合的隐私构成威胁，是一把"双刃剑"。因此，作品要让上榜城市的犯罪指数与公民行为自由指数之间形成对照。在可视化形式上，以柱状监控支架及其倒影和辐射范围的象形图示为主（见图5-1）。

其中，监控支架的高度表示犯罪指数（数值范围0—100），支架阴影（灰色线条）表示自由指数（数值范围0—100）。一旁的黄色数值为城市人口与监控数量的比值，可以理解为每台监控需负责监视的人数，比值越小，城市监控越严密。下方的黄色散点是该比值的可视化表现，每个点象征一个人。

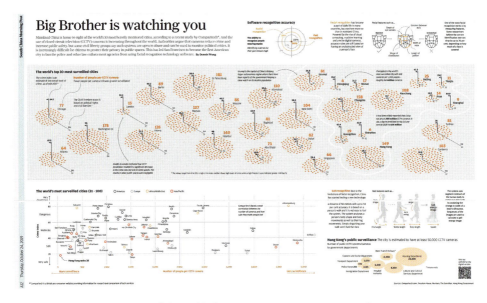

图5-1 《南华早报》"Big Brother is watching you"

---

① Dennis Wong, "Big Brother is watching you," *South China Morning Post*, 2019-10-24(A12).

基于上述解释，我们可以从图中了解到，有些城市监控松散，公民行为自由度高，但犯罪指数也相对高，如美国华盛顿特区；有的城市监控松散，公民行为自由度较低，犯罪指数也低，如俄罗斯圣彼得堡；也有能在维持监控松散、高公民行为自由度的前提下仍保持低犯罪指数的城市，如中国香港。

此外，作品在左下方插入了一张散点图，横轴为人口/监控数量的比值，纵轴为犯罪指数，展现了榜上排在第31—100名的城市的监控器布控严密程度与城市治安间的关系；右下方以圆堆图逻辑统计了中国香港归属于各政府部门的城市监控数量。同时，作品还以手绘插画的形式介绍了监控进行人脸识别和步态识别的原理。

《欧洲政客》（*Politico Europe*）于2020年5月发布了欧盟各国对"黑钱"交易监管情况的新闻报道①。这一可视化新闻作品同样是跨版，内容上涵盖各国可疑交易案件上报数、监管效率、监管技术的应用、"黑钱"流向等；形式上结合柱状图、树图、色阶图、地图、哑铃图和条形图，其中，中间的色阶图非常夺人眼球（见图5-2）。

图中说道，反洗钱金融行动特别工作组（Financial Action Task Force）提出了40项用于反洗钱侦查的技术要求和11项衡量监管效率的标准，并基于此对各国的反洗钱工作实施情况进行了调研。这张色阶图便是以此为数据基础制作的。

色阶图以颜色深浅表示数字大小或程度深浅。在这张图中，越深的蓝色表示越高的效率，越深的红色表示越低的效率。可以看出，西班牙对40项侦查技术的运用情况都很理想，同时，侦查效率也很高。而有些国家，尽管技术配备跟上了，但效率仍不理想。

上述作品结合了多种形式的数据图。有时候，为了寻求足够强的视觉刺激，媒体会将一类数据图利用到极致。

---

① Arnau Busquets Guàrdia, "The world's dirty money by the numbers," *Politico Europe*, 2020-05-14 (16-17).

可视化新闻：数字新闻生产的创新与前瞻

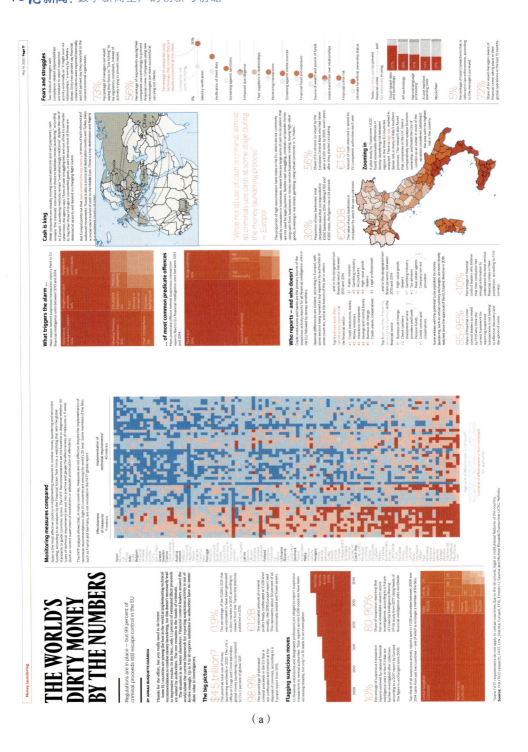

(a)

第五章　大版面：技术融合时代传统纸媒的可视化

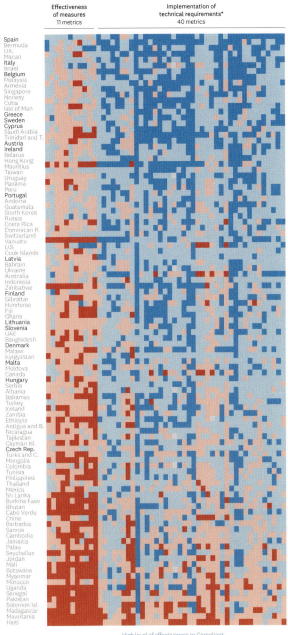

(b)

图 5-2
《欧洲政客》"The world's dirty money by the numbers"

例如,《萨克拉门托蜜蜂报》(*The Sacramento Bee*)于 2020 年 8 月发布的头版[①],用整版的象形图来纪念美国加利福尼亚州 10 000 位因新冠肺炎逝去的人,每个棺材符号代表一位死者,密密麻麻一片,并用颜色表示他们所在的县(County)(见图 5-3)。

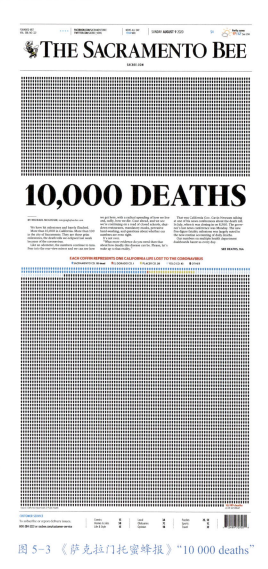

图 5-3 《萨克拉门托蜜蜂报》"10 000 deaths"

---

① Michael McGough, "10 000 deaths," *The Sacramento Bee*, 2020-08-09 (1).

《纽约时报》用两个版面的百分比堆叠面积图展现 2001—2019 年美国全国及各州发电能源的变化①，每种颜色代表一种能源，包括煤炭、天然气、核能、水力、石油、风能、太阳能（见图 5-4）。从这两个版面的堆叠面积可视化图中，可以清楚地看出各州对能源利用的不同。

《南方都市报》也会在报纸上发布数据新闻，大多是以文字为主、以数据图为辅的形式，对可视化没有做那么明显的突出。例如，从图 5-5 中两篇对新国货品牌的调研②可以看出，可视化所占的版面并不大。

二、信息图：大量可视化元素展开叙事

信息图是一种图像、图表和文字的结合，往往被用来解释一项事物或传递复杂、庞大的信息。美国脑神经科学家约翰·梅迪纳（John Medina）的研究显示，人类非常擅长图像记忆。对于一则文字信息，三天后我们可能只记得 10%，但如果搭配上图像，就能记住 65%③。图像搭配文字的叙述，化繁为简，化抽象为具象，传递了关键信息，又加深了阅读者的印象。

《星期日泰晤士报》(*The Sunday Times*) 用信息图介绍了日本用于举办 2020 年夏季奥运会的国家体育场④。可视化版面中绘制了插图，用以说明场馆温度冷却系统和雨水循环利用系统的工作原理，展现场馆可持续发展的优点，同时，利用 3D 建模按一定比例还原了体育场的"庐山真面目"（见图 5-6）。

---

① Nadja Popovich & Brad Plumer, "How does your state make electricity?" *The New York Times*, 2020-10-30 (A24-A25).
② 徐冰倩：《新国货 2021 年融资频率创新高，热钱涌向头部品牌》，《南方都市报》2021 年 12 月 16 日第 GA14 版；黄培：《数读新国货创始人背景：最年轻老板 23 岁，广东籍创业者最多》，《南方都市报》2021 年 12 月 16 日第 GA15 版。
③ John Medina, "*Brain Rules*," accessed December 19, 2021, https://brainrules.net/vision/.
④ Lee Hup Kheng & Billy Ker, "Stadium in the forest," *The Sunday Times*, 2020-01-19 (A29).

可视化新闻：数字新闻生产的创新与前瞻

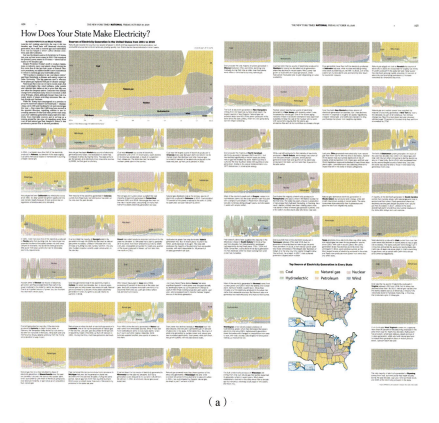

（a）

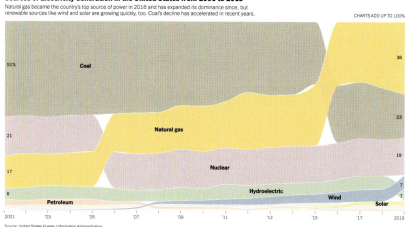

（b）

图 5-4 《纽约时报》"How does your state make electricity?"

第五章 大版面：技术融合时代传统纸媒的可视化

（a）

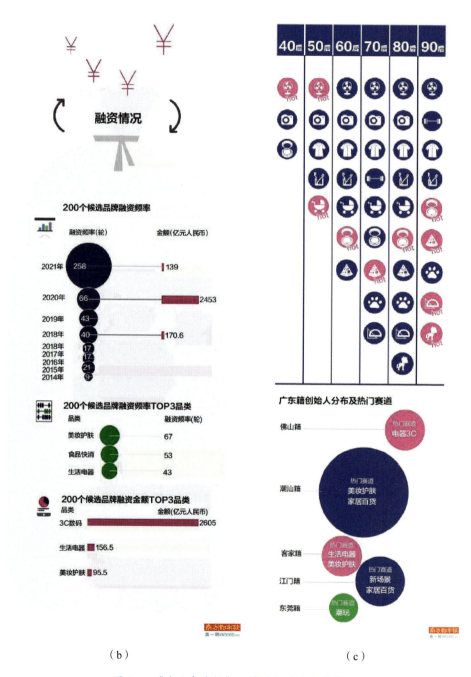

（b） （c）

图5-5 《南方都市报》两篇对新国货的报道

第五章 大版面：技术融合时代传统纸媒的可视化

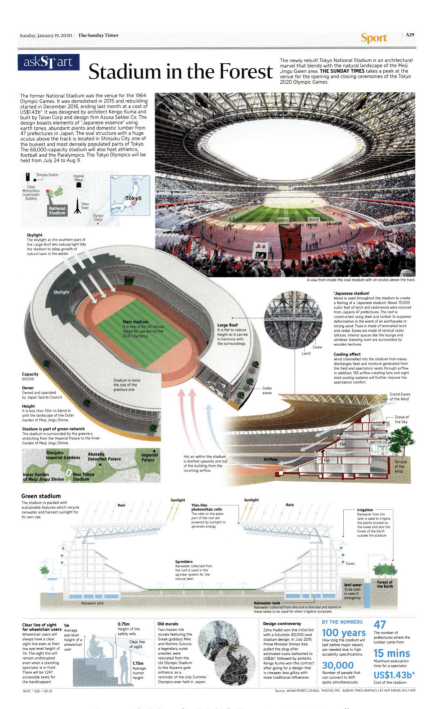

图 5-6 《星期日泰晤士报》"Stadium in the forest"

有研究发现，导致新冠肺炎的病毒 SARS-CoV-2 共有 3 万个碱基对（人类基因组一般有 30 亿个），共编码 29 种病毒蛋白。病毒蛋白又分为结构蛋白、非结构蛋白和辅助蛋白。这些蛋白在病毒的组装、复制、与宿主的融合、抑制宿主免疫反应等方面各自承担了不同的角色[①]。《纽约时报》结合来自《自然》(Nature) 杂志、美国国家生物技术信息中心、马里兰大学医学院的研究信息，创作了信息图"Bad news wrapped in protein: Inside the coronavirus genome"（《蛋白质包裹的坏消息：冠状病毒基因组内部》）[②]。

报纸版面上的该可视化作品展示了每类病毒蛋白的外形及其功用，帮读者了解新冠肺炎病毒如何依仗它的病毒蛋白入侵人体、瓦解人体免疫系统并开始"野蛮生长"（见图 5-7）。图中新型冠状病毒及各类蛋白的模型都有据可依，分别来自总部位于罗格斯大学-新布朗斯维克分校的蛋白质数据库（Protein Data Bank）和密歇根大学某研究组。

《解放日报》的《御马之术，看门道》[③]带读者入马术比赛的行，以视觉呈现帮助读者学会如何欣赏马术。作品介绍了赛马的气质分类、赛马的生命周期、障碍赛的关卡设置及场地布置等，用手绘的方式还原实物的真实形态、样貌（见图 5-8）。这一视觉报道刊发于 2017 年 4 月 28 日浪琴环球马术冠军赛在上海浦东世博园区开幕当天的《解放日报》视觉版，是为了给赛事造势。

虽然听着简单，但作品的筹备和制作是一项"持久战"。据该项目参与者章迪思介绍，5 位设计师前前后后花了一个月时间来打磨这份纯手绘作品，有设计师扮演了多重角色，参与绘图的同时负责信息采集。图中许多信息都依靠一位设计师采访上海的马术教练而获得。

[①]《Nature 拳头综述（IF=61）| 上海科技大学杨海涛/饶子和发表新冠病毒结构生物学及其对治疗开发的影响的综述》（2021 年 10 月 12 日），中国疾病预防控制中心，https://www.chinacdc.cn/gwxx/202110/t20211012_250223.html，最后浏览日期：2021 年 12 月 19 日。
[②] Jonathan Corum & Carl Zimmer, "Bad news wrapped in protein: Inside the coronavirus genome," *The New York Times*, 2020-04-07 (D8).
[③]《御马之术，看门道》，《解放日报》2017 年 4 月 28 日第 16 版。

第五章 大版面：技术融合时代传统纸媒的可视化

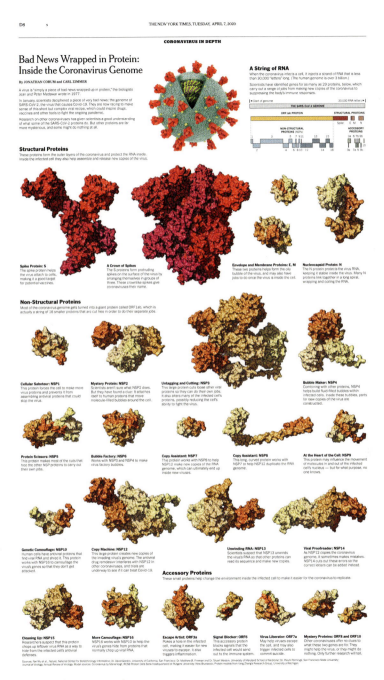

图 5-7 《纽约时报》"Bad news wrapped in protein: Inside the coronavirus genome"

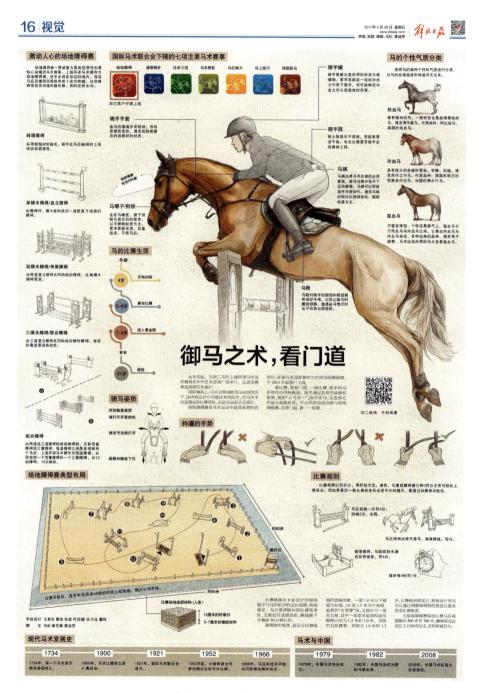

图 5-8 《解放日报》《御马之术，看门道》

这一单幅信息图版面获得第39届世界新闻设计大赛（SND）新闻设计卓越奖，是大中华地区继《南华早报》之后第二个获得该奖项的可视化新闻作品。

上述几张信息图的应用场景都是介绍某项事物，除此之外，信息图也可以用来还原新闻事件。

2021年2月14日，正值春节期间，有着"中国最后的原始部落"之称的云南省临沧市沧源佤族自治县翁丁村老寨遭遇了一场无妄之灾——突如其来的一场大火将村庄毁于一旦[①]。《南华早报》在3月的报纸版面上刊发了一张信息图[②]，还原火灾的发生过程及造成的毁灭性影响（见图5-9）。右上方的村庄俯瞰图说明了村庄的周围环境及结构，点出了只有四座民房在火灾后得以幸存这一惨痛事实。下方的图还原了火势。可以看到，一开始只有一处房子的屋顶着火，但火势顺着风向迅速扩大。

该信息图还详尽呈现和说明了佤族人民特有的干栏式茅草房、图腾柱、女性服饰。从信息图中可知，这种茅草房的搭建原材料主要是竹子、茅草、稻草、树枝。这些稻草和树枝在干燥的情况下非常易燃，在一定程度上解释了悲剧发生的原因。

不过，由于信息图的制作时间成本较高，对突发事件的还原很难保证时效性，例如这份作品发表时，那场大火已经过去半个月。

近年来，美国种族主义问题频发，从2020年3月黑人女性布伦娜·泰勒被美国警方枪杀，到乔治·弗洛伊德之死，再到仇亚犯罪，每起相关事件都掀起轩然大波。

布伦娜·泰勒之死的起因是警方的一场缉毒行动。警方收到情报，泰勒的家会成为毒品交易场所，嫌疑犯是她的一位前男友（后来证明情报错误）。警方在泰勒住处外敲过几次门后破门而入。当时，房屋内仅有泰勒及

[①] 庞明广：《中国传统村落云南翁丁老寨为何毁于一把火？》（2021年2月20日），新华网，http://www.xinhuanet.com/politics/2021-02/20/c_1127120137.htm，最后浏览日期：2021年12月19日。

[②] Adolfo Arranz, "Lost to Posterity," *South China Morning Post*, 2021-03-04 (A12).

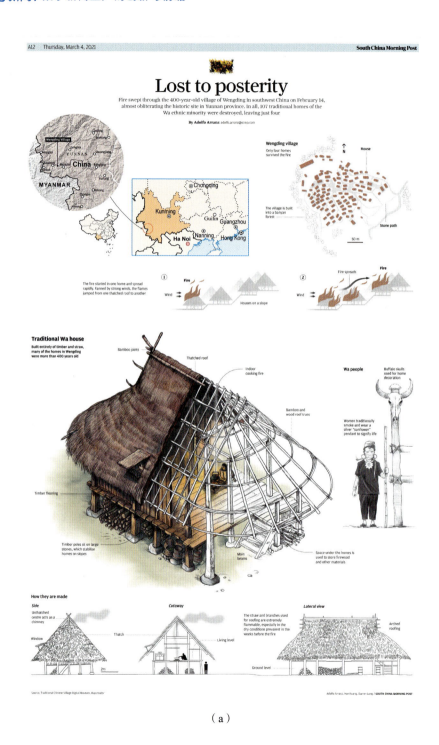

（a）

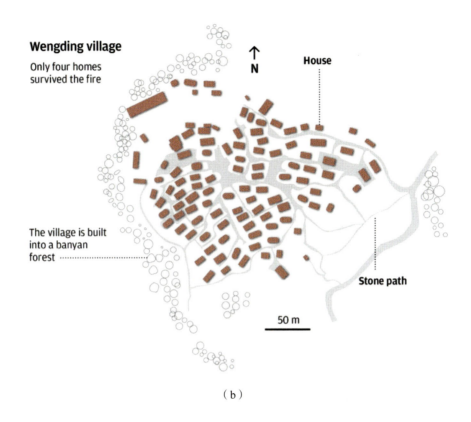

（b）

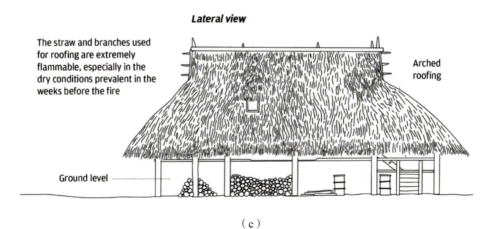

（c）

图 5-9 《南华早报》"Lost to posterity"

其现任男友两人。男友因害怕有人非法闯入，即开枪射伤一名警察。多名警察随即进行反击，前后共向屋内射出 32 发子弹，导致泰勒身中 8 枪而身亡[1]。在整个事件中，警方在破门前是否按规定阐明过身份是一项争议。据警方回忆有，而据泰勒男友所说，他完全没有听到。2020 年 9 月，检察部门表示涉事警察有正当开枪理由而不予起诉[2]。

如图 5-10 所示，《纽约时报》的这份可视化作品发表在 2020 年 12 月[3]，作品还原了布伦娜·泰勒之死。这张两个版面的信息图的最大特点是，利用 3D 建模技术高度还原了犯罪现场（布伦娜·泰勒的住宅），并画出了事件中几个关键时间点——警察破门、男友开枪、警方扫射、所有 32 发子弹射中的方位，像剧情播放一样回顾了案发经过。

三、趣味性插画

趣味性插画也是传统报纸版面的可视化之一。有时候，插画并不存在解释性的作用，而是单纯的点缀，为了增加版面的视觉生动性和读者阅读的趣味性。

2020 年 11 月美国大选期间，《环球邮报》(*The Globe and Mail*) 用两个版面回顾了特朗普劣迹斑斑的执政四年[4]。作品下方枚举特朗普任职期间的不当行为（见图 5-11），包括对媒体的攻击、操控最高法院意识形态、遣返非法移民、武力打压"黑人的命也是命"游行人士、"通俄门"、造成

---

[1] 《说出她的名字：美国黑人抗争再起…Breonna Taylor 为什么死了？》(2020 年 9 月 24 日)，联合新闻网，https://global.udn.com/global_vision/story/8662/4885673，最后浏览日期：2021 年 12 月 19 日。
[2] 维基百科—布伦娜·泰勒之死，https://zh.wikipedia.org/wiki/%E5%B8%83%E4%BC%A6%E5%A8%9C%C2%B7%E6%B3%B0%E5%8B%92%E4%B9%8B%E6%AD%BB，最后浏览日期：2021 年 12 月 19 日。
[3] Malachy Browne, Anjali Singhvi, Natalie Reneau & Drew Jordan, "How the police killed Breonna Taylor," *The New York Times*, 2020-12-31 (A11-A13).
[4] Kagan McLeod, "The Trump administration," *The Globe and Mail*, 2020-11-07 (06-07).

第五章　大版面：技术融合时代传统纸媒的可视化

（a）

可视化新闻：数字新闻生产的创新与前瞻

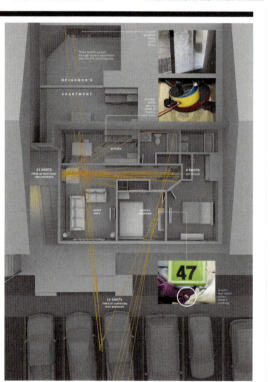

（b）

图 5-10 《纽约时报》"How the police killed Breonna Taylor"

第五章　大版面：技术融合时代传统纸媒的可视化

(a)

(b)

(c)

图 5-11 《环球邮报》"The Trump administration"

美国新冠大流行……不满之情溢于言表。

上方的大型插画中绘制了这若干宗罪涉及的人民、政客,以及穿插在各个空隙中的病毒图案。整体视觉上给人一种混乱、破败的感觉,呈现出特朗普执政四年毫无章法。

2021年8月,四川在结束一轮本土疫情之后,恢复了跨省团队游①。《四川日报》发布了一份四川省旅游指南②,根据不同天数推荐合理的旅游路线和沿途美食(见图5-12)。在每条路线旁边,设计师都会插入一小张绘画版的四川美食,有烧烤、火锅、麻辣烫、肥肠面、银耳羹……一个版面忽然变得色香味俱全了。

此外,版面上还插入了二维码,扫描后可以看到整张图的配套文字稿,信息更详细、具体。

《洛杉矶时报》(*Los Angeles Times*)用漫画的形式,向读者示范了如何在加州居家令生效期间在家"旅行"③。作者把报纸旅游版刊登的这幅可视化作品假想成一间旅行社的宣传海报,"在家旅行"是旅行社推出的跟团游项目,打着"有很多事可看、可做"(So many things to see and do)的宣传口号,颇具反讽意味(见图5-13)。

在报纸版面上,一幅幅漫画介绍了跟团游囊括的"娱乐项目",而这些项目实际上是人们隔离在家的苦中作乐,比如在浴室看"瀑布"、在房间邂逅野生动物(实际上是宠物)。最后还附上了"往期游客"的反馈,实际上是长期在家隔离的人的吐槽。

整个可视化作品的画风很诙谐,好笑又真实地体现疫情之下不得外出的无奈。

中国人过春节要放鞭炮、吃饺子、收红包、拜年、看花灯……这些习俗出现在《中国日报·国际周刊》(*China Daily Global Weekly*)2020年1

---

① 张超群:《四川省恢复跨省团队游》(2021年8月22日),新华网,http://www.xinhuanet.com/2021-08/22/c_1127784476.htm,最后浏览日期:2021年12月19日。
② 《10条线路 逛吃四川》,《四川日报》2021年8月31日第5版。
③ Gemma Correll, "Staycationland," *Los Angeles Times*, 2020-04-04 (F8).

第五章 大版面：技术融合时代传统纸媒的可视化

图 5-12 《四川日报》《10条线路 逛吃四川》

图 5-13 《洛杉矶时报》"Staycationland"

月24—30日那期纸质版的封面上①。

2020年是鼠年,《中国日报》的设计师以卡通老鼠为主角,画了一串"小老鼠萌系过年实录"。贴合"中国年"的主题,整个画风颇具中国风,主色调也是我们熟悉的"番茄炒鸡蛋"——红配黄(见图5-14)。

图5-14 《中国日报·国际周刊》"Something for everyone"

---

① Li Min, "Something for everyone," *China Daily Global Weekly*, 2020-01-24 (1).

四、数字媒体与纸质媒体的创新结合

以往我们总习惯将数字媒体与纸质媒体拆开,似乎它们是互不相容的两种媒介。如今,高清晰度的印刷技术和融合数字技术的发展,让数字媒体和纸质媒体的结合成为可能。

"乔治·弗洛伊德之死"发生后的下午,众多游行者来到白宫外,将为了保护白宫而设的铁丝网当成"临时艺术廊"——铁丝网上贴满了反种族歧视、提倡为美国人提供平等保护的标语和旗帜。

《华盛顿邮报》将这些白宫外的影像拼贴在一起,并在报纸版面上铺陈开来,占据两个版面[1]。很多标语的背后都有一段历史、一段故事。例如,"没有正义就没有和平"(No Justice No Peace),这个短语可以追溯到20世纪70年代,最初并不具有反种族歧视的含义,但之后被赋予反种族歧视的意义;还有一张写着大大的"27"的海报,是为了给布伦娜·泰勒(被警察枪击而死的女孩)庆祝27岁生日(见图5-15)。

《华盛顿邮报》将这些特殊标语都圈了出来,并用文字说明讲出背后的故事。

《纽约时报》2020年9月8日的版面"Our political divide, seen through the prism of geography"(《从地理棱镜看我们的政治分歧》)[2]利用计算机对数字影像进行了二次加工(见图5-16)。

这份可视化作品的主题很有意思,即探究地貌特点与该地区人民政治立场间的联系。首先,它根据2016年美国大选结果制作了这样一条横坐标:越往右表示特朗普的选票优势越明显,越往左表示希拉里的选票优势越大,中间地带表示两人得票旗鼓相当(见图5-17)。

---

[1] Gabriel Florit, Bonnie Berkowitz, Kevin Uhrmacher, Joe Fox & Monica Ulmanu, "A gallery of pain and protest," *The Washington Post*, 2020-06-11 (A14-A15).
[2] Tim Wallace & Krishna Karra, "Our political divide, seen through the prism of geography," *The New York Times*, 2020-09-08 (A18-A19).

第五章　大版面：技术融合时代传统纸媒的可视化

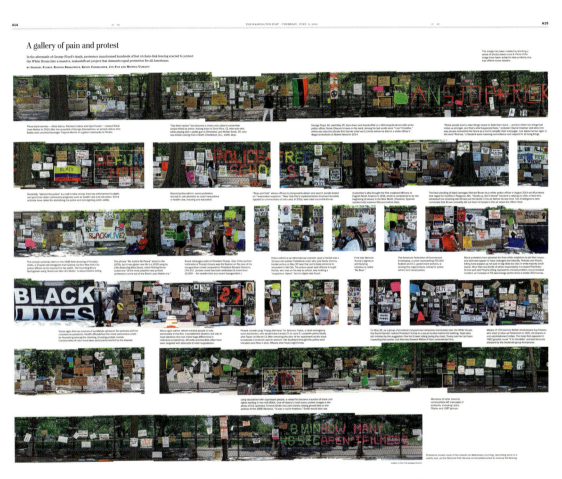

图 5-15　《华盛顿邮报》"A gallery of pain and protest"

可视化新闻：数字新闻生产的创新与前瞻

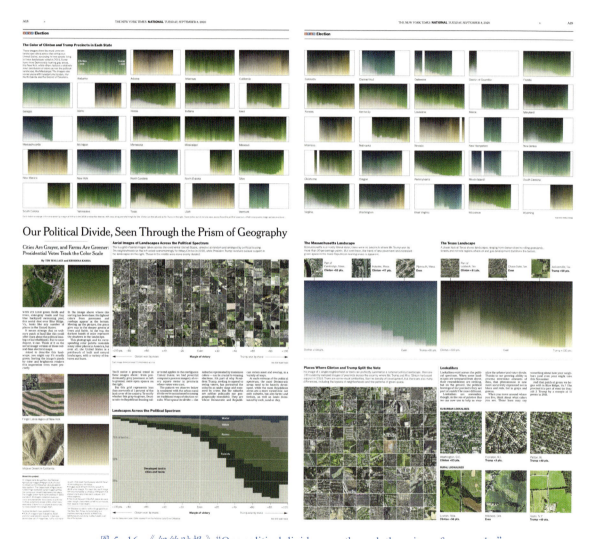

图 5-16 《纽约时报》"Our political divide, seen through the prism of geography"

第五章　大版面：技术融合时代传统纸媒的可视化

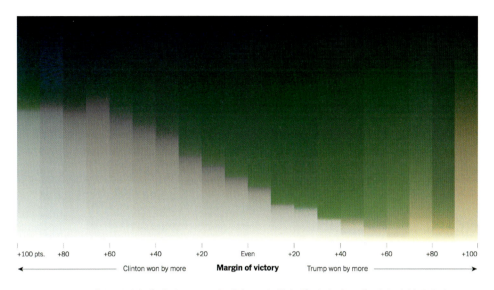

图 5-17　《纽约时报》根据 2016 年希拉里和特朗普的选票优势划分的横坐标轴

随后，根据横轴规定的选票优势对美国选区进行归类，再用计算机识别每个类别下所有选区的地貌，即进行颜色标注。森林、田野、农场等自然地区会标注成绿色系，沙漠则呈现黄色系，发达的城市区呈现灰色系，湖泊、海洋这类水系便是蓝色系。最后，统计每个选票优势类别下最常出现的 100 000 种颜色，并按亮度进行排序，制作成类似图 5-17 这样的直方图。

《纽约时报》对每个州都进行了上述统计，最后发现，居民的政治立场与居住地地貌确实有一些联系。例如，在纽约州，城市化程度高的地方明显更乐意把票投给民主党（空白地方表示在该选票优势下，该州没有符合条件的选区）（见图 5-18）。

在密西西比州，地貌与选举结果的关系则没有那么明显（见图 5-19）。

除了将计算机技术运用到报纸版面可视化的制作当中，在新闻生产的融媒体创新实践中，也可以在纸媒版面信息图的基础上专门为该新闻报道在互联网上的呈现生产相应更为适配的可视化内容。例如，《解放日报》在 2021 年 10 月 11 日、13 日、15 日的报纸视觉版连续推出生态保护和生物多样性相关主题系列可视化新闻版面《这些消失多年的长江鱼又回来了》

New York

图 5-18　纽约州地貌与居民政治倾向间的关系

Mississippi

图 5-19　密西西比州地貌与居民政治倾向间的关系

《保护江豚，这是最后机会》《守住湿地，保护生态家园》(见图 5-20)，同时，为解放日报·上观新闻电脑端和移动客户端专门制作了《长江有鱼·逍遥游》《湿地家园·生灵奇趣》等动画短视频(见图 5-21)，充分发挥了纸媒版面和数字化在线客户端不同的可视化优势。

第五章　大版面：技术融合时代传统纸媒的可视化

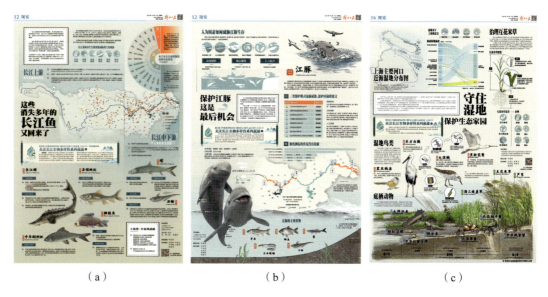

　　（a）　　　　　　　　　　　（b）　　　　　　　　　　　（c）

图 5-20　《解放日报》生态保护和生物多样性系列可视化新闻版面

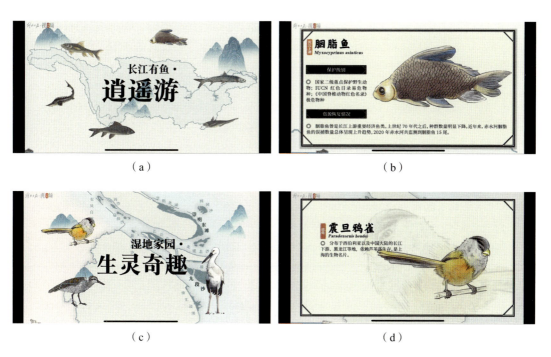

　　（a）　　　　　　　　　　　　　　　　　　（b）

　　（c）　　　　　　　　　　　　　　　　　　（d）

图 5-21　解放日报·上观新闻客户端生态保护和生物多样性系列短视频

本章图片来源

图 5-1　"Big Brother is watching you," *South China Morning Post*, accessed February 1, 2023, https://multimedia.scmp.com/culture/article/SCMP-printed-graphics-memory/lonelyGraphics/201910A242.htm

图 5-2　Arnau Busquets Guàrdia, "The world's dirty money by the numbers," *Politico Europe*, May 14, 2020, accessed December 19, 2021, https://edition.pagesuite-professional.co.uk/html5/reader/production/default.aspx?pubname=&edid=488bb16b-c484-4bb3-8442-d5834363f9d9&pnum=1

图 5-3　Michael McGough, "10 000 deaths," *The Sacramento Bee*, August 9, 2020, accessed December 19, 2021, https://airtable.com/shrziV1bFaIYX1DiA/tblDdax4jERCYI7Ru?backgroundColor=gray&viewControls=on

图 5-4　Nadja Popovich & Brad Plumer, "How does your state make electricity?" *The New York Times*, October 30, 2020, accessed December 19, 2021, https://airtable.com/shrziV1bFaIYX1DiA/tblDdax4jERCYI7Ru?backgroundColor=gray&viewControls=on

图 5-5　《南方都市报》2021 年 12 月 16 日第 GA14—GA15 版，https://epaper.oeeee.com/epaper/A/html/2021-12/16/content_27127.htm#article，最后浏览日期：2021 年 12 月 19 日

图 5-6　Lee Hup Kheng & Billy Ker, "Stadium in the forest," *The Sunday Times*, January 19, 2020, accessed December 19, 2021, https://airtable.com/shrziV1bFaIYX1DiA/tblDdax4jERCYI7Ru?backgroundColor=gray&viewControls=on

图 5-7　Jonathan Corum & Carl Zimmer, "Bad news wrapped in protein: Inside the coronavirus genome," *The New York Time*, April 7, 2020, accessed December 19, 2021, https://airtable.com/shrziV1bFaIYX1DiA/tblDdax4jERCYI7Ru?backgroundColor=gray&viewControls=on

图 5-8　《御马之术，看门道》,《解放日报》2017 年 4 月 28 日第 16 版

图 5-9　Adolfo Arranz, "Lost to posterity," *South China Morning Post*, March 4, 2021, accessed December 19, 2021, https://multimedia.scmp.com/culture/article/SCMP-printed-graphics-memory/lonelyGraphics/202103A276.html

图 5-10　Malachy Browne, Anjali Singhvi, Natalie Reneau & Drew Jordan, "How the police killed Breonna Taylor," *The New York Time*, December 31, 2020, accessed December 19, 2021, https://airtable.com/shrziV1bFaIYX1DiA/tblDdax4jERCYI7Ru?backgroundColor=gray&viewControls=on

图 5-11　Kagan McLeod, "The Trump administration," *The Globe and Mail*, November 7, 2020, accessed December 19, 2021, https://airtable.com/shrziV1bFaIYX1DiA/tblDdax4jERCYI7Ru?backgroundColor=gray&viewControls=on

图 5-12　《10 条线路　逛吃四川》,《四川日报》2021 年 8 月 31 日第 5 版

图 5-13　Gemma Correll, "Staycationland," *Los Angeles Times*, April 4, 2020, accessed December 19, 2021, https://airtable.com/shrziV1bFaIYX1DiA/tblDdax4jERCYI7Ru?backgroundColor=gray&viewControls=on

图 5-14　Li Min, "Something for everyone," *China Daily Global Weekly*, January 24, 2020, accessed December 19, 2021, https://airtable.com/shrziV1bFaIYX1DiA/tblDdax4jERCYI7Ru?backgroundColor=gray&viewControls=on

图 5-15　Gabriel Florit, Bonnie Berkowitz, Kevin Uhrmacher, Joe Fox & Monica Ulmanu, "A gallery of pain and protest," *The Washington Post*, June 11, 2020, accessed December 19, 2021, https://airtable.com/shrziV1bFaIYX1DiA/tblDdax4jERCYI7Ru?backgroundColor=gray&viewControls=on

图 5-16　Tim Wallace & Krishna Karra, "Our political divide, seen through the prism of geography," *The New York Times*, September 8, 2020, accessed December 19, 2021, https://airtable.com/shrziV1bFaIYX1DiA/tblDdax4jERCYI7Ru?backgroundColor=gray&viewControls=on

图 5-17　"The true colors of America's political spectrum are gray and green," *The New York Times*, accessed December 19, 2021, https://www.nytimes.com/interactive/2020/09/02/upshot/america-political-spectrum.html

图 5-18　"The true colors of America's political spectrum are gray and green," *The New York Times*, accessed December 19, 2021, https://www.nytimes.com/interactive/2020/09/02/upshot/america-political-spectrum.html

图 5-19　"The true colors of America's political spectrum are gray and green," *The New York Times*, accessed December 19, 2021, https://www.nytimes.com/interactive/2020/09/02/upshot/america-political-spectrum.html

图 5-20　《解放日报》2021 年 10 月 11 日第 12 版、2021 年 10 月 13 日第 12 版、2021 年 10 月 15 日第 16 版

图 5-21　《长江有鱼吗？这些消失多年的鱼类"重现江湖"》（2021 年 10 月 11 日），解放日报·上观新闻，https://www.jfdaily.com/staticsg/res/html/web/newsDetail.html?id=413059&sid=67;《动画丨摩登上海另一面：生灵奇趣的湿地，野生动植物的家园》（2021 年 10 月 15 日），解放日报·上观新闻，https://www.jfdaily.com/staticsg/res/html/web/newsDetail.html?id=413791&sid=67，最后浏览日期：2021 年 12 月 23 日

第六章

可编程世界和虚拟可导航空间：数字新闻未来

第六章　可编程世界和虚拟可导航空间：数字新闻未来

 可编程世界的可视化新闻：数字移动适配的新闻叙事

　　在技术与文化跨界领域的前沿学者看来，数据时代最重要的特征在于，我们正处于代码的包围之中，计算不再是机器的特殊装备而成为社会技术环境里事物的普遍属性；平台不仅是技术现实，更是新的组织模式；新的传感技术在我们四周弥漫并绕开意识，与我们的感官系统直接互动，使人成为生态和环境的一部分——人类正进入一个新的"可编程未来"，这种新文明有许多维度，而我们的生存就是更新（科西莫·亚卡托，2021）。尽管这种学术观点不乏激进之处，但单就数字移动领域的可视化新闻而言，这样的"可编程世界"在实践层面正急速展开并呈现出丰富的样貌——在数字新闻生产的创新实践过程中，可视化新闻大量采纳计算机图形学、图像处理、用户界面和人机交互技术，近年来虚拟现实技术驱动新闻（VR新闻）、实时交互视频新闻（如在线新闻发布会和前面章节充分展开讨论的可视化互动游戏）、可穿戴设备新闻（如新闻生产者的主观视角和生物信息作为新闻产品的重要部分）极大地将数字新闻产品拓展到传统新闻文本未能涉足或难以企及的领地（全晓艳、常江，2016）。在2016年里约奥运会报道中，《卫报》采用包括运动员身体数据在内的运动数据分析，将运动员的成绩与每个金牌和世界纪录做对比，通过宏观比赛成绩数据直观呈现运动员综合水平；高速摄影机动作捕捉和分解、水下摄影等动态展示运动员从比赛开始到结束的所有状态数据；计算机图形学对比赛技术要点进行全方位展示等（见图6-1）。2018年，澎湃新闻推出全媒体专题《海拔四千米之上：三江源国家公园》①，以实景VR结合360度全景影像、视频短片等

---

① 《海拔四千米之上：三江源国家公园》（2018年11月19日），澎湃新闻，https://h5.thepaper.cn/html/zt/2018/11/sanjiangyuan/index.html，最后浏览日期：2021年12月23日。

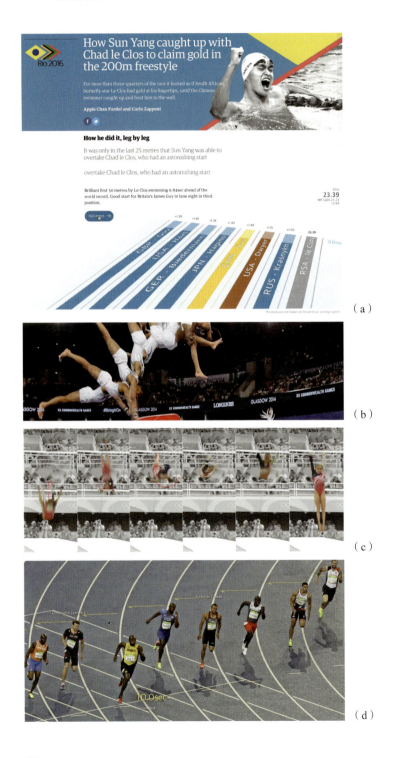

图6-1
《卫报》2016年里约奥运会专题

对三江源国家公园进行深入报道，并为用户提供电脑端和移动端两个不同版本适配的交互产品（见图6-2），获得2019年中国新闻奖一等奖。这是VR作品第一次在中国新闻奖中获奖，不仅体现了可视化越来越成为传递新闻信息的有效手段，更展现出可视化作为数字移动时代可编程世界的新闻叙事（storytelling），如何为用户形成个人化新闻交互、体验、感知、沉浸、参与的广阔前景。

（a）

（b）

图6-2　澎湃新闻《海拔四千米之上：三江源国家公园》

在可视化新闻这个由数据、代码、人工智能、交互等构成的可编程世界里，学者们提出了针对可视化叙事结构、特点和策略的不同分析框架：有的从排序、互动性和信息三个维度区分不同的叙事结构（Segel & Heer，2010）；有的从讲述者、顺序、时间、可读性四个方面讨论叙事的特点（Weber，2020）；还有的关注视觉叙事的策略，例如对进度条、颜色、过渡元素、导航图标的使用展开分析（McKenna，Henry Riche，Lee，Boy & Meyer，2017）。如果我们将可视化视为数字新闻的一种全新实践，那么从其新闻叙事的交互性和社交性着手，或是进入可编程世界的有效入口。

芬兰视觉记者艾玛-莉娜·奥瓦斯凯宁（Emma-Leena Ovaskainen）在路透社新闻研究所工作了一年，对不同的新闻机构如何为手机移动端开发可视化新闻的视觉叙事展开研究。她将数字移动端的可视化新闻产品分为九大叙事类别，其重点均在于交互性和社交性，或者两者的结合（Ovaskainen，2019）。

第一大类是短视频、短纪录片、解释性短视频。奥瓦斯凯宁认为，这种可视化新闻叙事类别由半岛电视台旗下互联网社交媒体产品"AJ+"和《赫芬顿邮报》联合创始人肯尼思·莱雷尔（Kenneth Lerer）与前任首席执行官埃里克·希波（Eric Hippeau）联合创办，由专注于新闻报道的社交媒体 NowThis 开创，如今已被大多数新闻编辑室广泛采纳，主要形式是视频片段、静态图、动画或三者结合，配有文字注释和字幕。与传统电视新闻机构的短新闻视频最大的差异在于，这类可视化新闻主要适配手机移动端，是否易于在社交平台分享是其重要考量。例如，为了解欧洲难民的经历，BBC 媒体行动（BBC Media Action）发起过一项有关难民及其需求的研究，采访了希腊和德国众多难民，除了最终形成的研究报告，还制作了一个短视频"Your phone is now a refugee's phone"（《你的手机现在是一位难民的手机》）（见图 6-3），以比阅读统计数据更直观的可视化来展示他们的采访发现——发生在智能手机社交媒体时代的难民危机，如何被传播技术影响？一部智能手机，可以获取地理位置信息，可以提供难民与家人朋友的联系，可以用来拍照记录和讲述自己的故事，但能否获得准确的信息，有没有便捷近

第六章　可编程世界和虚拟可导航空间：数字新闻未来

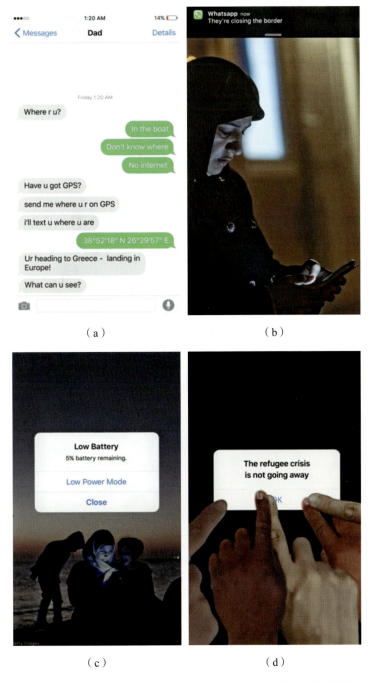

图 6-3　BBC "Your phone is now a refugee's phone"（竖屏观看）

用的免费 Wi-Fi，能否通过智能手机找到合适的翻译、法律顾问和创伤咨询，仍是难民面临的困难①。需要强调的是，BBC 在社交平台推送这部短片时强调请用户竖屏观看。这是一部专为手机适配而设计制作的竖屏短视频，以更贴近手机用户的叙事来展示命悬于一部电池快要耗尽的手机的难民历程。

第二大类为手机移动端开发的可视化新闻叙事类别是故事、AMP 故事、可扫动卡片（swipeable cards），即带标题、文字注解或文字横幅的卡片式可视化方式。AMP 指加速移动页面（accelerated mobile pages），是谷歌的一项旨在提升移动端浏览体验的开源项目。这类叙事在技术上是从 Snapchat Stories 和 Instagram 等社交媒体的内置叙事工具演变而来，融合图片、图形、视频、音频等多种方式来呈现内容，以提供引人入胜的全屏叙事体验。在中文社交平台上，微信和微博点击图片并横向滑屏扫动看下一张图片，也是同样的可视化叙事类别（见图 6-4）。

（a）　　　　　　　　（b）

图 6-4　微博可滑屏扫动浏览图片

---

① Emma Cueto, "What it's like to be a refugee," Bustle, July 21, 2016, accessed December 25, 2021, https://www.bustle.com/articles/173822-your-phone-is-now-a-refugees-phone-by-bbc-media-action-illustrates-refugee-needs-in-an.

第三大类是长篇滚动叙事或滚屏叙事（scrollytelling），即线性、叙述性的视觉形式，常用于新闻特写。例如，BBC 的新闻特稿 "Modern women in the land of Genghis Khan"（《成吉思汗土地上的现代女性》）[1]整合图片、视频、图文、文字等讲述四位年轻蒙古女孩的故事，在电脑端可通过导航栏选择任一人物故事，也可用鼠标自下而上滑屏、顺序浏览，每一屏图片、图文或视频会通过滑屏覆盖上一屏内容（见图 6-5）。BBC 采纳的是一家澳大利亚技术公司开发的实用工具 Shorthand，可在每一屏内容的滚动过程中生成平滑的过渡。

第四大类是数据可视化、视觉文章（visual essay）、视觉新闻故事、混合媒体叙事。这类移动端可视化新闻叙事主打的不是文字作为主要叙事元素，而是图表、信息图、互动设计和高度视觉性的新闻故事，也包括文字设计和排版的可视化设计。例如，主打视觉文章的数字出版平台 The Pudding 的 "Mapping famous people"（《名人地图》）[2]和著名的流行文化项目 "The cultural borders of songs"（《音乐的文化边界》）[3]（见图 6-6）。

第五大类是结构化文章、新闻菜单/列表（listicles）、新闻时事通讯（newsletters）、新闻简报（briefings）。例如，一个主题下用序号进行结构化的新闻菜单，通常都有很强的视觉设计效果。这是《赫芬顿邮报》、BuzzFeed 等互联网新闻媒体常用的做法，在技术上能做到用户再次打开页面时，可以从之前未能浏览完毕的地方开始。

第六大类是个人化叙事、改编故事（adapting stories），即通过用户参与来完成叙事。例如，BCC 的 "How long are you going to live？"（《预期寿命计算器》）[4]，根据 2016 年的一项研究结论，包括全球预期寿命比 25 年

---

[1] "Modern women in the land of Genghis Khan," BBC News, accessed December 25, 2021, https://www.bbc.co.uk/news/resources/idt-sh/mongolian_women.
[2] "Mapping famous people," The Pudding, accessed December 25, 2021, https://pudding.cool/2019/05/people-map/.
[3] "The cultural borders of songs," The Pudding, accessed December 25, 2021, https://pudding.cool/2018/06/music-map/?date=202106.
[4] "How long are you going to live?" BBC News, May 14, 2018, accessed December 25, 2021, https://www.bbc.co.uk/news/health-44107940.

(a)

(b)

(c)

图6-5 BBC "Modern women in the land of Genghis Khan"

第六章　可编程世界和虚拟可导航空间：数字新闻未来

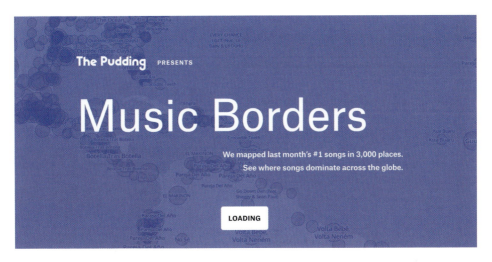

图 6-6　The Pudding "The cultural borders of songs"

前提升 7 年的"全球疾病负荷研究"的科学项目，建立起数据库。用户只要输入相关个人信息，就能计算出自己的预期寿命并获得本地区类似人群健康状况的评估（见图 6-7）。

第七大类是实时直播博客，主要用于突发新闻和体育赛事、文化活动等重大事件报道。其可视化叙事包括实时更新的照片和视频，以及从社交媒体上获得的用户生成内容。

第八大类是机器人（bots）和自动化叙事（automated storytelling），即新闻生产采纳可创建和自动生成新闻叙事的应用，如 Quartz news App、BBC bots projects，用以提高体育报道和政治选举等主题报道的效率。

第九大类是 360 度图像、虚拟现实与增强现实，例如《卫报》以"现在每个人都可以享受虚拟现实新闻了！"作为推广口号、2016 年上架的手机应用"The Guardian VR"（卫报 VR）（见图 6-8）。

结合上述数字移动适配的可视化新闻叙事相关案例讨论，我们将可视化新闻视为一个以交互性和社交性为重要内核的可编程世界，参照奥瓦斯凯宁对可视化新闻叙事的分类（Ovaskainen，2019），可将中国媒体行业的技术融合创新实践大致归纳为八个类别。

201

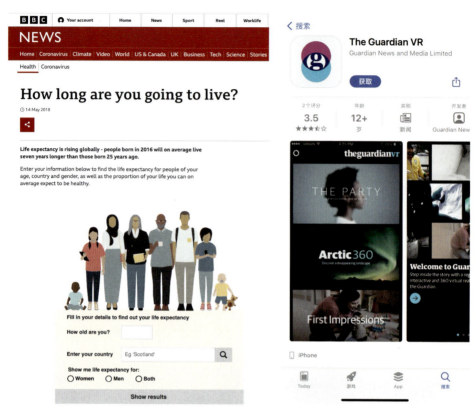

图 6-7　BBC "How long are you going to live?"　　图 6-8　"The Guardian VR" 手机应用

第一类是二维码新闻海报，即机构媒体的手机新闻应用针对每条新闻报道专门为移动端用户开发设计的竖屏新闻海报。通常每条新闻的底端都有一个以小箭头标示的分享键，点击之后可选择将此条新闻分享给微信好友或朋友圈、微博、QQ 好友或空间、复制链接，或生成一张带新闻标题、题图和二维码的海报，储存到本地再进行分享。不同媒体的二维码新闻海报设计略有差异，解放日报·上观新闻的二维码海报包含本条新闻摘要，澎湃新闻同时自动生成检索分享当日三条"今日热点"，财新则自带其手机客户端应用"财新通"的 Logo 和宣传语（见图 6-9）。无一例外，这样的二维码海报非常适合在社交平台（如微信朋友圈）分享，一次发满九张图

第六章　可编程世界和虚拟可导航空间：数字新闻未来

（a）

（b）

（c）

图 6-9　解放日报·上观新闻、澎湃新闻、财新二维码海报

片,俗称"九宫格",社交平台好友只需用智能手机扫描海报上的二维码便可阅读该新闻报道全文。

第二类是图文、信息图。在本书第二章中有大量这类案例,其他章节也有所涉及。图文或信息图运用的范围非常广,比如可以对政策进行量化分析(见图6-10)或对社会文化热点进行量化分析(见图6-11),日常生活领域的话题也可以因此获得有新意的新闻切入点,例如从"美团买菜"平台获取上海居民的买菜数据,用手绘漫画结合数据图的形式绘出了一副极具地域民俗特色的春菜图谱(见图6-12)。

不止数据可视化,图文、信息图也可以用创意更新言说方式,通过视觉空间重构新闻。例如,解放日报·上观新闻获第三十届上海新闻奖媒体

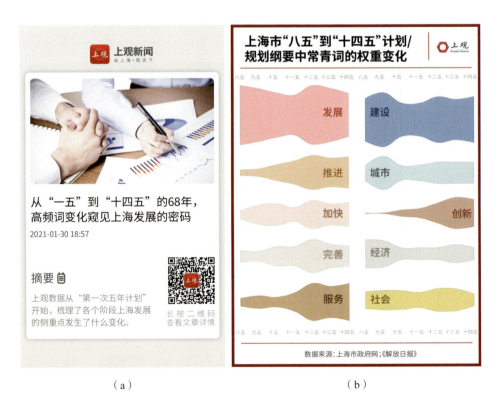

(a) (b)

图6-10 解放日报·上观新闻《从"一五"到"十四五"的68年,高频词变化窥见上海发展的密码》

第六章　可编程世界和虚拟可导航空间：数字新闻未来

（a）

（b）

（c）

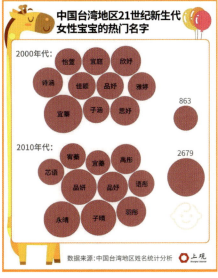

（d）

图 6-11　解放日报·上观新闻《给小孩取个啥名？大陆和台湾家长都爱上了偶像剧主角的名字》

（a）

（b）

图6-12 解放日报·上观新闻《上海春菜图鉴：最受欢迎的居然是平平无奇的它》

融合二等奖的作品《注意了！从上海口岸入境,请务必读懂此图》[①],是首席记者朱珉迕在新冠疫情防控新闻发布会现场敏锐捕捉到的。疫情防控期间从上海口岸入境旅客应该要走什么流程,这个信息是公众高度关注的新闻点。他徒手画了一张草图,并在当晚将草图交给视觉部门的同事,核实和丰富材料之后,当晚制作成规范的入境流程图(见图6-13),体现了根据疫情变化灵活调整的防控措施的落实高效有序。

第三类是数据视频、短视频。为更好适应手机端的传播,数据可视化越来越多地以短视频代替图文里的静态条形图,例如解放日报·上观新闻的《让数据动起来！1990—2019浦东与主要二十城GDP比较》[②]以短视频呈现动态条形图(见图6-14),直观显示30年来城市GDP发展。与静态条形图相比,动态条形图更能营造时间变化和你追我赶的情绪氛围,并且短视频更适合社交平台传播。

近年来,数据可视化短视频出现了一些新型创意产品,例如新华社2021年"两会"期间推出的创意MR艺术舞台秀《人与数据舞动"十四五"》(见图6-15),采纳拥有目前全球最大的四面屏AR演播系统的MR智能演播厅,以及全球顶级的影视拍摄系统MOCO(motion control)运动控制系统和虚拟制片这一世界先进的影视工业流程,将传统舞蹈艺术、数据可视化、时政报道融合在一起,以融合创新重塑主旋律叙事。演员在三维背景、特效和动画当中舞蹈,每组优美的舞蹈动作都带出"十四五"规划的一项重点。在新华社客户端,该短视频浏览量迅速过百万,众多网友点赞,称"有创意,有内容,值得反复观看"[③]。

---

① 章迪思、黄海昕:《注意了！从上海口岸入境,请务必读懂此图》(2020年3月18日),解放日报·上观新闻,https://www.jfdaily.com/staticsg/res/html/web/newsDetail.html?id=225729&sid=67,最后浏览日期:2021年12月25日。
② 马雨琛、脱盋:《让数据动起来！1990—2019浦东与主要二十城GDP比较》(2020年11月12日),解放日报·上观新闻,https://www.jfdaily.com/staticsg/res/html/web/newsDetail.html?id=310434&sid=67,最后浏览日期:2021年12月26日。
③《145秒短片,人与数据舞动"十四五"》(2021年3月13日),新华网,http://www.xinhuanet.com/politics/2021-03/13/c_1127206075.htm,最后浏览日期:2021年12月26日。

可视化新闻：数字新闻生产的创新与前瞻

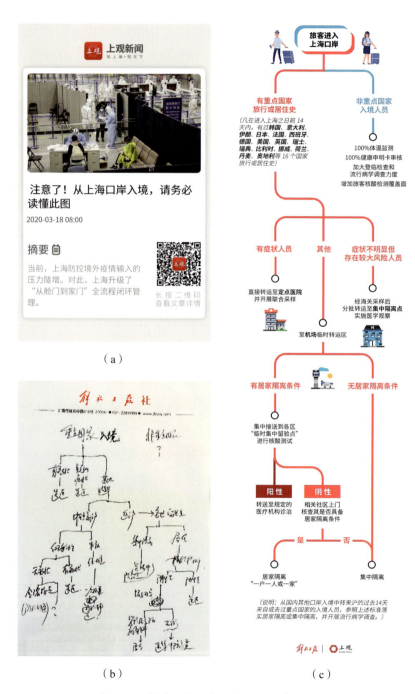

图 6-13　解放日报·上观新闻"入境流程图"

第六章　可编程世界和虚拟可导航空间：数字新闻未来

浦东新区GDP从1990年的60.24亿元到2019年的12734.25亿元，从最开始排名第27名，GDP总量和南昌、乌鲁木齐相差不多，到现在排名11，排在南京和宁波之间。

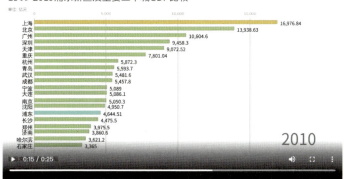

图 6-14
解放日报·上观新闻《让数据动起来！1990—2019浦东与主要二十城 GDP 比较》

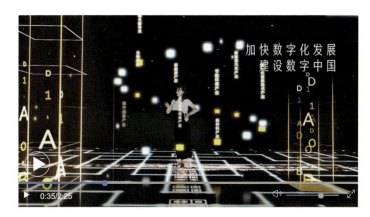

（a）

图 6-15
新华社《人与数据舞动"十四五"》

（b）

209

创意和技术融合之外,社交分享属性是可视化短视频的重要特征。在解放日报·上观新闻2021年"建党百年信仰如山"系列主题报道中,"百年之诗"原创手绘MV《燎原》选择中国共产党百年伟大征程上十首有代表性的诗歌,以青年人喜爱的方式摘取相关诗句重新串联、谱曲,以说唱(RAP)风格与《国际歌》有机整合,由在青年人中有着极高人气的女团"冲吧少女组合"(AKB48 Team SH)演唱,新浪微博短视频播放量超过124万(见图6-16),是主旋律重大题材可视化新闻通过社交分享、传播影响力"破圈"的实例。

图6-16 解放日报·上观新闻"建党百年信仰如山"原创手绘MV《燎原》

第四类是新闻网页、H5。这类可视化叙事运用非常广泛,例如解放日报·上观新闻电脑端H5作品《外滩百年变迁之徐汇滨江》[1],梳理了外滩徐汇滨江段在贯通前后变化较大的标志性地点龙华机场、上海飞机制造厂、北票码头、南浦站、上海水泥厂和白猫公司等,用老照片、老影像视频、旧报纸版面、历史地图、规划效果图等讲述历史地点,用CAD效果图、3D建模等技术模拟改造后的场景(见图6-17)。用户可以点击地图不同分区查看改造情况,还可以左右滑动按钮同屏对比改造前后同一区域的变化。

专门针对移动端开发的H5优秀可视化新闻作品有很多。例如,解放日报·上观新闻的《上海相亲角调查》[2],通过半年调研,收集了1 023张上海人民公园相亲角相亲帖,进行数据编码,给相亲群体画像,对择偶标准进行数据可视化,从数据角度解读相亲角文化,最终在移动端呈现(见图6-18)。

澎湃新闻获2018年中国新闻奖融媒界面项目一等奖的H5新闻作品《天渠》[3]是移动端竖屏下拉式长幅互动连环画,结合渐进式动画、360度全景照片、图集、音频、视频、交互式体验等,讲述贵州遵义平正仡佬族乡团结村原党支部书记黄大发36年修水渠的脱贫攻坚故事(见图6-19)。在此之前,澎湃新闻的《致敬丨好人耀仔:一位宁德村支书的45岁人生》[4]也类似,以下拉式竖屏漫画结合视频音频,报道2016年第14号强台风"莫兰蒂"登陆福建时,为保护村民生命财产安全而牺牲的宁德市古田县卓洋乡庄里村支书周炳耀的感人事迹(见图6-20),上线一周点击量超过147

---

[1]《浦江45公里岸线百年魅力-徐汇滨江篇》(2018年1月24日),解放日报·上观新闻,https://web.shobserver.com/thirdParty/westbund/index.html?ver=2.0,最后浏览日期:2021年12月26日。
[2]《上海相亲角调查》(2018年11月11日),解放日报·上观新闻,https://web.shobserver.com/thirdParty/2019/xiangqinjiao_v2/index.html,最后浏览日期:2021年12月26日。
[3]《天渠》(2017年4月23日),澎湃新闻,https://h5.thepaper.cn/html/zt/2017/04/tianqu/index.html,最后浏览日期:2021年12月26日。
[4]《致敬丨好人耀仔:一位宁德村支书的45岁人生》(2016年10月17日),澎湃新闻,https://h5.thepaper.cn/html/zt/2016/10/gutian/index.html,最后浏览日期:2021年12月26日。

（a）

（b）

（c）

图6-17 解放日报·上观新闻《外滩百年变迁之徐汇滨江》

第六章　可编程世界和虚拟可导航空间：数字新闻未来

(a)　　　　　　　　　　　(b)

(c)

图 6-18　解放日报·上观新闻《上海相亲角调查》

（a）　　　　　　　（b）

图 6-19
澎湃新闻《天渠》

（a）　　　　　　　（b）

图 6-20
澎湃新闻《致敬｜好人耀仔：一位宁德村支书的45岁人生》

万。澎湃新闻 H5 作品《虹镇老街：上海市区最大棚户区华丽转身》①集纳了图文、摄影图集、短视频、谷歌地图、历史照片等，同样通过竖屏下拉式漫画和动画呈现（见图 6-21）。

第五类是互动游戏，本书第四章已有充分讨论。

第六类是 LBS 应用，本书第二章新冠疫情报道有过呈现，不再赘述。

第七类是电子书、电子相册。例如，新冠疫情期间，2020 年 1 月 24

（a）　　　　　　　　　　　（b）

图 6-21　澎湃新闻 H5 作品《虹镇老街：上海市区最大棚户区华丽转身》

---

① 《虹镇老街：上海市区最大棚户区华丽转身》（2020 年 10 月 14 日），澎湃新闻，https://h5.thepaper.cn/html/interactive/2020/10/hong_zhen_lao_jie/index.html，最后浏览日期：2021 年 12 月 26 日。

日晚，第一批上海医疗队赴援武汉。那天是农历大年三十，从上海到武汉，皆为肃杀寒冷天气。2020年4月10日，随着最后一批医疗队员抵沪，上海1 649名援鄂医疗队员全部平安归来。从武汉到上海，春意盎然。上海医疗战士在武汉不辞艰辛，温暖了整座江城。这是医者仁心，是"老吾老以及人之老，幼吾幼以及人之幼"的中国情怀。解放日报·上观新闻三位记者追随这群上海人，通过静止的画面记录他们，通过他们去理解这个时代。这些图片由上海人民出版社制成画册出版①。同时，解放日报·上观新闻隆重推出电子相册《上海医疗队支援武汉50天影像纪实》②，以视觉设计+交互设计将视觉素材化零为整，取得更符合互联网特点的良好传播效果（见图6-22）。

第八类是微信SVG交互图文。2020年4月7日，因新冠疫情"封控"的武汉"解封"当日，人民日报微信公众号推出交互产品《今天，发条微信一起点亮武汉》③，黑白图片经用户点击后渐变成彩色照片，让用户在互动中感受"重启"（见图6-23）。通常微信公众号文章以静态排版为主，该作品创新地修改微信编辑器CSS中的SVG元素，使动画支持鼠标点击，让透明图的透明度由0变为1，罩住底层灰白色的照片，从而实现点亮效果。

同样是微信公众号SVG交互图文，解放日报·上观新闻的《史上最伟大创业，你能闯到哪一关？》④将中国共产党成立这一伟大历史事件视为有着共同信仰的革命者开启的开天辟地伟大征程，为了让今天的年轻人更

---

① 视觉中心：《平凡之路，勇者归来！上海医疗队在武汉影像纪实精选海报先睹》（2020年5月20日），解放日报·上观新闻，https://www.jfdaily.com/staticsg/res/html/web/newsDetail.html?id=249875&sid=67，最后浏览日期：2021年12月26日。
② 解放视觉：《因为感动，所以记录！上海医疗队支援武汉50天影像纪实》（2020年3月13日），解放日报·上观新闻，https://www.jfdaily.com/staticsg/res/html/web/newsDetail.html?id=223658&sid=67，最后浏览日期：2021年12月26日。
③ 《今天，发条微信一起点亮武汉》（2020年4月7日），微信公众号"人民日报"，https://mp.weixin.qq.com/s/AKyWRfIScIK-HU67ObSuRQ，最后浏览日期：2021年12月26日。
④ 《史上最伟大创业，你能闯到哪一关？》（2021年5月17日），解放日报·上观新闻，https://data.shobserver.com/web/69/index.html，最后浏览日期：2021年12月26日。

第六章 可编程世界和虚拟可导航空间：数字新闻未来

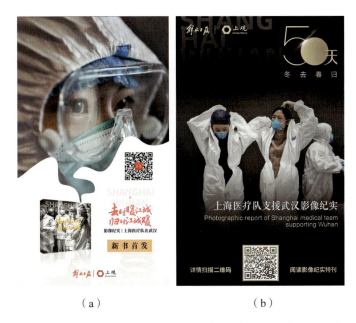

（a） （b）

图 6-22 解放日报·上观新闻电子相册《上海医疗队支援武汉 50 天影像纪实》

（a） （b）

图 6-23 《今天，发条微信一起点亮武汉》

好地理解这一重大历史事件，设计团队以年轻人喜闻乐见的方式将这段历史比喻为中国最伟大创业天团的"剧本杀"（见图6-24），通过交互带来重返历史现场的沉浸式体验。

（a）　　　　　　　　　（b）

图6-24　解放日报·上观新闻《史上最伟大创业，你能闯到哪一关？》

二、滑屏和感官沉浸：可编程世界与情感公众

就像一些研究者已经注意到的那样，与传统新闻文本的"作者主导"不同，上述可视化新闻叙事特征类别都力图在"作者主导"与"读者主导"两种叙事之间寻求平衡，尤其是3D建模结合左右滑屏、下拉式长幅动画、互动游戏、LSB新闻应用、SVG交互图文，无不为"读者主导"（或

者"用户主导")提供了广阔的可能性；即便是图文和短视频，其创意设计思路也是将社交分享作为重要的考量，甚至以设计分享优先；二维码海报更是为用户进入不同的网络空间提供了直接入口。综合来看，可视化新闻叙事的一个重要特征是兼顾了两方面的灵活性，"在结构化叙述的背景下又为交互性提供了一定空间"（Segel & Heer，2010）。作者主导叙事，指严格设定好用户观看可视化的路径，并借由标题、图示等向读者传递明确的消息；读者主导或用户主导叙事，指用户可以自己控制或选择探索可视化的路径，以形成各自独特的故事线。大部分可视化新闻叙事介于这两者之间，或是这两种叙事的组合，例如著名的"Martini-Glass"（马提尼结构）（Segel & Heer，2010）。也有学者用线性和非线性的混合，或者讲述和展演的交叉（Weber，Engebretsen & Kennedy，2018），来突出可视化新闻的这种叙事特点。

如果我们仅仅停留在可视化新闻叙事类别和叙事特点的讨论上，可能会忽略可视化新闻背后更宏大的价值，即以交互性和社交性为核心的可编程世界正在改变新闻、改变公众及二者之间的关系。这个可编程世界是代码与世界的组成要素的共存，作者和读者或用户都被它卷入了，就像对代码和软件的看法可以根据类型（Assembler、C++或Pascal）、地位（源代码、编撰或拆解）、定位（嵌入式的、系统的或应用的）、表现形式（文本、视觉或图形）、生命周期或政治含义（免费、开源或商用）来展开不同层次的讨论（科西莫·亚卡托，2021：33-34）。我们对可视化新闻的看法也有着复杂多样的层次，虽然针对这一主题的研究才刚刚开始，我们暂且无法对其有更深入的把握，但至少我们可以跳出可视化新闻的叙事类别和叙事特点，朝向以交互性和社交性为核心的可编程世界展开一点探索。

其中一个方面是滚屏或滑屏。在上述案例讨论中，无论是澎湃新闻的《天渠》《虹镇老街》，还是解放日报·上观新闻的《上海医疗队支援武汉50天影像纪实》《史上最伟大创业，你能闯到哪一关？》，这些可视化新闻产品最突出的特质都是"滚动故事"（scrollytelling）（Weber，2020），即"滚动屏幕"（scroll）和"讲故事"（storytelling）的组合。这一特质既是一种叙事逻辑，也是一种近用（access）逻辑，即故事随着用户滚屏的动作而展开。此处，滚屏指在台式或移动设备上阅读时最自然的操作手势，用户可以通过这种简单的交互设计，控制可视化展开的顺序，建立自己的观看路径。过去，基于文字的传统新闻叙事强调文本块之间要有清晰的逻辑关系，可以形成连贯的叙述，即便叙述偶尔偏离主线，也不会太久（Segel & Heer，2010）。可视化叙事则不同，既没有明确的开头、主干和结尾，不同类型的视觉元素之间也没有不能被打破的逻辑链条，它们"更像一组堆叠的叙事块一样交织互嵌"（Pérez-Montoro & Veira-González，2018：49）。用户可以连续滚动屏幕，也可以停留在某一处，专注于其中一个元素，还可以从一个动画跳到下一个图表，构建个人化的叙事路径。这种对交互性的超强包容度是可视化叙事的重要特征，也是用户参与和实践可编程世界的重要环节。

在许多具体情况下，用户的滚屏动作控制的是新闻故事的时间线。例如，《华盛顿邮报》关于乔治·弗洛伊德之死引发的示威游行的报道"Reconstructing seven days of protests in Minneapolis after George Floyd's death"（《在乔治·弗洛伊德死后重建明尼阿波利斯 7 天抗议活动》）[①]，以时间轴的方式呈现 149 个集会现场拍摄的短视频（见图 6-25）。用户自己可以控制故事展开的节奏，滚动网页即可看到不同时间段的现场视频的静态帧，停止滚屏则鼠标箭头对应的视频会开始播放。解放日报·上观新闻《外滩百年变迁之徐汇滨江》也是类似的设计。在上述案例中，滚屏不仅与时间挂钩，还融合了颜色、数字、速度等不同元素，一起制造一种情感体验，如《天渠》《虹镇老街》，历史故事部分的黑白手绘动画和现场彩色视频形成反差。又如，2020 年新冠疫情期间，《华尔街日报》的报道"The month coronavirus felled American business"（《新冠疫情击垮美国商业的那

[①] "Reconstructing seven days of protests in Minneapolis after George Floyd's death," *The Washington Post*, October 9, 2020, accessed May 17, 2021, https://www.washingtonpost.com/graphics/2020/national/live-stream-george-floyd-protests/?itid=lk_inline_manual_4.

第六章　可编程世界和虚拟可导航空间：数字新闻未来

图 6-25　《华盛顿邮报》"Reconstructing seven days of protests in Minneapolis after George Floyd's death"

个月》）①，回顾了 2020 年 3 月美国疫情如何急转直下——从月初 30 例确诊变成月底 188 000 例，给美国企业带来了巨大打击。这篇文章做了这样一个可视化设计：当读者下滑鼠标时，页面右侧的日期和左侧代表累计确诊病例的数字同时开始滚动，一片红色从页面底部加速涌出，直到布满整个屏幕（见图 6-26）。视觉编辑汉娜·森德（Hanna Sender）解释道："设计这样由数据驱动的下滑效果是为了重现一种氛围：被吞没的感觉，扑面而来飙升的确诊案例，锅里的青蛙。"②可以发现，提供交互空间与传递明确的信息并不冲突，庞大的数据和复杂的线索被编织成相互关联的元素，而把不同的元素连接起来，设计出多条"从一个元素到另一个元素的轨迹，这就构成了叙述"（列夫·马诺维奇，2020：235），读者可以在不同的轨迹中选择和创造，从而与新闻产生特殊的连接。如今，这种融合了简单交互的滚屏故事已成为全球数字新闻可视化最常见的一种形式，也是可视化新闻成为可编程世界构成要素的体现。用户在可视化的交互性和互动性的情感驱动下，经由滑屏、翻页、点赞、分享体现出情感公众（affective publics）

---

① "The month coronavirus felled American business," *The Wall Street Journal*, April 4, 2020, accessed May 17, 2021, https://www.wsj.com/graphics/march-changed-everything/.
② "The year in graphics," *The Wall Street Journal*, December 31, 2020, accessed May 17, 2021, https://www.wsj.com/graphics/year-in-graphics-2020/.

> **THE MONTH CORONAVIRUS FELLED AMERICAN BUSINESS**
>
> March began amid an 11-year expansion and ended with blue-chip companies begging for bailouts. Swift and sharp, the pandemic cut through the country's commerce like nothing before it.
>
> Number of U.S. cases: 140,886　　　　　　　　　　　MARCH 29

图 6-26 《华尔街日报》"The month coronavirus felled American business"

（Papacharissi，2015）的特质。

中国数字新闻实践的特殊性在于，移动端用户占绝对比例。受此影响，基于手机触屏的竖向滑屏式可视化新闻最为流行。路透社新闻研究所的尼克·纽曼（Nic Newman）认为，当新闻业迈入21世纪第三个十年，所有报道都是为移动设备制作的（Newman，2019）。这句话用来描述中国数字新闻生产现状毫不夸张。根据《第47次〈中国互联网络发展状况统计报告〉》，截至2020年12月，中国网民规模为9.89亿，网民使用手机上网的比例高达99.7%，使用台式电脑和笔记本电脑上网的比例继续下降，分别为32.8%和28.2%；网络新闻用户规模达7.43亿，其中，手机网络新闻用户规模达7.41亿（CNNIC，2021）。移动设备的流行意味着用户的新闻阅读习惯的改变：相较于过去在少数几个时间段集中阅读新闻，如今人们在大量碎片化时间里浏览新闻（Molyneux，2018），并且新闻接触行为往往同微信等社交媒体的使用交织在一起，导致传统的线性文字叙事不再符合当下用户的阅读习惯。同时，对新闻机构而言，数字新闻生产需要适应手机屏幕的大小（例如超过四列的图表可能不适合手机竖屏展示），还要保证在移动网络下顺畅运行（高清的360度全景新闻往往会提示用户电脑端效果更好），并且符合手机用户的使用习惯（点击按钮通常设计在屏幕底端以方便单手操作）。于是，媒体从早期追求精细炫目的可视化效果，逐步转向青睐设计简洁、交互方式简单的可视化新闻。正是在这样的背景下，融合手机滑屏设计、方便微信传播的 H5 下拉式动画成了目前中国最常见的可视化设计。例如解放日报·上观新闻凭借 2020 年浦东开发开放 30 周年特别策划，斩获中国新闻奖三等奖和上海新闻奖一等奖的移动端适配可视化作品《你所不知道的人文浦东：五个人的故事和浦东五百年的故事》①，设计团队认为浦东开发开放 30 周年对上海而言是一个有着重要历史意义的时间节点，经过大量资料爬梳，他们概括出自古以来这片土地上的人的共性的几个关键词：朴素务实、脚踏实地、经世致用。这是上海人精神谱系里不可或缺的一环，也是浦东成为今日之浦东的原因。设计团队围绕这些关键词，以干净的互动界面、清晰有条理的内容线索，点面结合，完成了这一庞大主题的报道（见图 6-27）。

尽管移动设备的流行往往被描述成一种挑战，比如手机小屏幕的限制等，但它给数字新闻可视化也带来了新的机遇。当人们端坐在电脑前以一种前倾的姿态浏览新闻时，往往处于一种工作状态，追求快速高效地获取信息，而手机使用穿插在日常生活的各种场景里，人们更可能以一种积极开放的姿态参与互动（Hernandez & Rue，2015：169）。同时，依托手机触屏，可视化变成了交互界面，可以调动用户的多重感官，发挥出强大的情感动员力量。正如马诺维奇所说，新媒体不是"像照相现实主义一样"逼真地模拟真实场景，而是"在多种维度中创建现实效果，视觉逼真仅是其中一个维度——这些新的维度包括：身体对于虚拟世界主动参与、视觉以外其他感官的参与"（列夫·马诺维奇，2020：184）。以《天渠》为例，用户通过滑动、点触、放大屏幕的方式，主动探索过去 36 年间多个修渠场景，背景声中鸟鸣、当地的歌谣和开渠炸石的爆炸声共同营造出真实感和现场感，在视觉、触觉和听觉多重感官的参与下，用户得以"进入"报道、产生共情、同他人建立连接。这种情感体验是可视化新闻生成意义、

---

① 《你所不知道的人文浦东：五个人的故事和浦东五百年的故事》（2020 年 11 月 12 日），解放日报·上观新闻，http://hdh5.shobserver.com/v2/manage/book/xqqbao/，最后浏览日期：2021 年 12 月 26 日。

可视化新闻：数字新闻生产的创新与前瞻

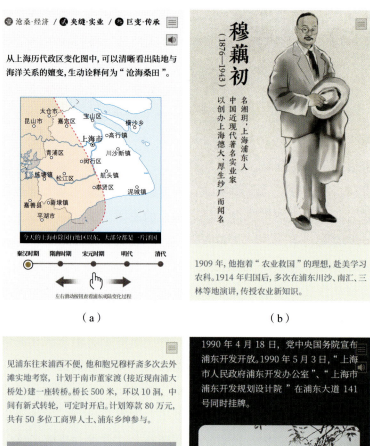

图 6-27　解放日报·上观新闻《你所不知道的人文浦东：五个人的故事和浦东五百年的故事》

激发公共参与的重要动因之一，也是可编程世界经由交互、分享而不断增强，并且"不是一个维度，而是有许多维度"（科西莫·亚卡托，2021：137-138）的内驱力之一。

三、虚拟可导航空间：理解数字新闻创新的一个中观概念

一图是否真的胜千言？学界对可视化新闻的效果展开了激烈的讨论。通常认为，相较于传统的文字报道，可视化新闻可以让复杂的社会问题变得更容易理解（Few & Edge，2008），让一些庞大繁杂的数据变得更透明和开放。同时，在假新闻满天飞的背景下，对客观数据的使用和呈现，有利于增强报道的可信度，提升受众对于新闻机构的信任感。此外，同其他视觉元素一样，可视化表达更容易吸引用户的注意力（Bucher & Schumacher，2006）。有研究用眼动仪追踪用户阅读新闻时的视线位置发现，无论是阅读纸质媒体还是在平板或电脑网页上浏览新闻，超过90%的人会注意到图表，有的甚至略过文字，只看图表（De Haan，Kruikemeier，Lecheler，Smit & Van der Nat，2018）。不仅如此，如前所述，可视化新闻的互动性及其带来的参与感是线性文字难以提供的——这也是代码驱动的可编程世界的特征之一，用户可以通过搜索、放大缩小、滚动屏幕、点击超链接等操作，主动探寻新闻故事的发展，更深入地理解相关议题（Lee & Kim，2016）。

然而，也有学者质疑可视化的效果。首先，可视化并不一定能够帮助人们更好地理解信息，读者可能需要对数学统计和不同的图表类型有基本了解才能读懂，换言之，可视化对于读者的知识储备和技能有更高要求——"可视化素养"，因此，对于一些受众来说，可视化的广泛应用恰恰让他们更难读懂新闻（Kennedy，Hill，Aiello & Allen，2016）。其次，可视化并不能直接增强报道的可信度或提升读者的参与感，它的传播效果受

到许多其他因素的影响。已有研究通过实验和焦点小组的方法发现，新闻的主题、数据来源，人们原本的知识、观点和情绪等都可能影响受众对于可视化新闻的感受（Lee & Kim, 2016; Link, Henke & Möhring, 2021）。再次，尽管可视化元素更能吸引读者的目光，但也有研究显示，人们的视线平均只会停留三四秒，只有少部分人会仔细读图，花在阅读文字上的时间则显著更长，换言之，可以吸引注意力并不意味着可以达到更好的传播效果（De Haan, Kruikemeier, Lecheler, Smit & Van der Nat, 2018）。最后，互动性也可能是种假象（Appelgren, 2018），尽管可视化新闻看上去提供了更多互动空间，但通常用户只能进行有限的操作，真正能让用户输入内容、生成个性化叙事的设计仍比较少。

如何理解这些看似截然相反的观点？引用安德鲁·达菲（Andrew Duffy）和汪炳华（Peng Hwa Ang）的批评，数字新闻研究总是以新闻为先，讨论数字化能否为新闻业带来新的机遇，而研究者应该换一个思路，从数字技术的原理出发来理解新闻业的变化（Duffy & Ang, 2019）。在已有讨论中，对可视化新闻的效果无论是持乐观态度还是持怀疑态度，都是在用老的尺度去衡量其影响。如果可视化的力量来自它是一种视觉表达，那么它同图片、视频新闻和纸质媒体时代就有的信息图有什么区别？又如海伦·肯尼迪（Helen Kennedy）等提出，一个好的可视化应该是突出新的事实还是可以激发人们的兴趣、让他们愿意花更多时间更深入地了解一个议题（Kennedy, Allen, Engebretsen, Hill, Kirk & Weber, 2021）；重要的是唤起人们对于数据所示对象的同情，还是提供空间让读者自己探索数据，抑或提供一种审美体验？一言以蔽之，我们不能在衡量新闻效果的传统框架内探讨可视化的影响。当可视化在交互性和社交性的可编程世界里成为新的数字新闻核心叙事，其指向的是对新闻含义、新闻价值及新闻与公众关系的重新定义。

通过对当下中国数字新闻实践典型案例的讨论，我们认为，作为可编程世界数字新闻核心叙事的可视化，对传统新闻生产理念和实践策略的根本挑战在于，将传统新闻报道变成了全新的虚拟可导航空间。这一点，在以智能手机为代表的移动交互界面上表现得尤为显著。马诺维奇将卡巴科夫剧场设计的概念用来解释新媒体创造的空间，"通过将一个装置的总体空间分成两个或多个互相联系的空间，他精心设计一条穿越空间的路径，这既不影响观众自行探索，又可以有效防止观众在空间中迷路或者感到无聊"（列夫·马诺维奇，2020：269）。对于可视化数字新闻生产者而言，他们是在"设计观众在时空中的经验"，通过将滑动、放大缩小、点击等最自然的交互设计，设置为新的动画、视频、文本等不同元素展开的方式，引导用户的注意力；对于用户而言，他们不再是传统意义上的新闻读者、听众和观众，而是"在别人设计的空间中创建自己特定的导航路线"的积极用户，这样的"可导航空间是一个主观化的空间，其结构呼应着主体的运动和情感"（列夫·马诺维奇，2020：271-271）。可视化作为数字新闻的核心叙事，绝不是对传统新闻文本的补充或迭代，也不仅是视觉观看或视听感知，而且是一种进入可编程世界的全新的具身体验和浸润于世界的方式。这种经由虚拟可导航空间展开的具身实践，不止是阅读、观看、理解，更"是全身参与的一套复杂的感觉反馈系统"，"我们的身体就像数据网络的延展部分"（尼古拉斯·米尔佐夫，2017：前言15）。同时，这个既关乎我们身处其中的外部世界又关乎我们内在情感的虚拟可导航空间，不仅存在于手机屏幕的方寸之间，我们还将之随身携带、即时交互，在可编程世界的虚实之间穿梭往复、实时更新。至于经由数字新闻核心叙事的可视化生成的这个虚拟可导航空间，其之于传统新闻理念和实践策略的深刻影响，尚未全部显现，但至少可以看到两个方面的端倪。

其一，可视化新闻叙事生成的虚拟可导航空间，体现了一种更为明确的用户主导和以用户为中心的思路，其设想的是更加主动、积极的公众，共同参与到新闻故事的构建之中（Parasie & Dagiral，2013）。这种参与是通过基于移动互联网的便携式智能设备随时随地交互而展开的持续实践。这种认识论层面的根本差异，才是数字新闻生产最重要的基础，也是与传统新闻理念和实践策略的最大区别（Coddington，2015）。

其二，这种由虚拟可导航空间所激发的用户新闻实践和情感体验，成为理解、卷入、参与当下生活世界的重要维度，重新定义了新闻作为公共知识的价值。过去传统新闻业将用户参与理解为一种社会参与，是同公众形成对话的前提（Ferrer-Conill & Tandoc Jr.，2018）；移动终端的普及带来了用户新闻的崛起和更积极的社会参与，用户可以通过手机随时记录和分享信息（Westlund，2013）。与上述两类参与皆不相同，可视化新闻叙事生成的虚拟可导航空间的社会参与通过身体和感官沉浸（De la Peña，2010），让传统新闻的读者或受众变身玩家，原本仅供阅读、收听、观看的新闻报道文本变成了类似电子游戏的沉浸式新闻场景，这个虚拟可导航空间里的用户如同游戏玩家，仿若置身新闻现场，像游戏打通关一样主动探寻新闻事件的发生和发展，用滑屏、点击等身体动作建构起自己有关这一新闻事件的故事线，还可以通过点赞、评论、转发等一系列互联网行为表达情感、彰显自身的价值立场，并且在这一实践过程中同新闻事件中的人物、同其他用户产生情感连接和思想共鸣（Constine，2015）。多位学者已着力探讨新闻研究的情感转向，提出重视情感在新闻生产和用户参与中的重要角色。情感本质上是关系的。具有公共性，体验他人的境遇、产生共情，是激发公众参与和社会行动的重要因素（常江、田浩，2021；陆晔、赖楚谣，2021）。对于虚拟可导航空间的进一步关注和深入讨论，则是洞察这些新的变化"不仅是观看正在发生的事情的一种方法，而且是我们创造变化的积极途径"（尼古拉斯·米尔佐夫，2017：前言16）的有益开端。

从数字新闻生产实践层面看，有关城市主题的可视化新闻叙事所生成的虚拟可导航空间，集中体现了当今移动互联网时代赛博城市（孙玮，2020）或曰数字城市的特征，体现为一种新的"可编程城市"（孙玮、李梦颖，2021）——不仅数字技术平台整合的"复眼观看"成为一种新的生存方式（黄旦，2016），而且代码软件再也不能只被视为一种工具，而是正在生成人类世界（孙玮、李梦颖，2021）。

立足于数字汇流（digital convergence）和移动终端对时间、空间的重构，城市及生活于其中的人们被视为相互连接的全球化网络社会中的交互节点，个体和群体活动的地理空间分布、聚落规模、区位、空间结构、时序结构、功能区等全新的讨论均可被纳入其中，结合以空间维度为特色的城市数据可视化，呈现实体与虚拟空间的城市面貌。这其中不仅有对传统议题进行新的测量和呈现，例如传统数据和大数据结合的城市人群画像与行为及其时间、空间特征，也引入新的研究维度，例如时间信息和空间网格、锚点的结合，或者提出新的研究问题，例如可穿戴设备与量化自我、基于地理位置信息GIS的位置媒介与城市社交关系等。

目前，中国诞生了不少以城市数据分析及可视化为主营业务的媒体，比如帝都绘（以北京城市数据为主）、城市数据团、新一线城市研究所（第一财经旗下城市数据研究项目）等。传统媒体在城市可视化方面也有丰富的尝试，例如第一财经旗下数据新媒体"DT财经"的"地铁一公里"数据可视化项目，以不同城市的地铁站为锚点，再现地铁站一公里内的城市商业网络、居住、休闲娱乐、交通出行、城市活力等可视化数据洞察报告[1]。2020年11月12日，正值上海浦东开发开放30周年，解放日报·上观新闻制作了一则名为《浦东·嬗变：一份三十年的答卷》的H5产品，细数了浦东新区在行政区划、交通建设、金融业、高新技术产业、贸易等方面的变革和发展，时间跨度上最早能追溯到751年唐朝年间（见图6-28）。

在我们的固有思维中，与城市相关的总是许多宏观的硬性数据，比如GDP、人口、基建、进出口。但实际上，许多城市可视化作品的切入点非常小，运用的也是颇具人情味的软性数据。新一线城市研究所在《魔都348个地铁站222个是睡城？上海外围地铁住区的四型性格图谱》中介绍了上海外围地铁站点周边的住宅区的"气质"特征，这些站点距离上海市中心都有一个小时以上的车程（见图6-29）。

---

[1] https://www.dtcj.com/report/725/detail?page=1，https://www.dtcj.com/datainsight/3874.

图6-28 解放日报·上观新闻《浦东·嬗变：一份三十年的答卷》

第六章 可编程世界和虚拟可导航空间：数字新闻未来

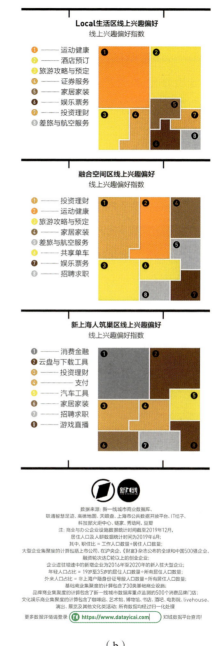

(a)   (b)

图 6-29　新一线城市研究所《魔都 348 个地铁站 222 个是睡城？上海外围地铁住区的四型性格图谱》

作品把这些住宅区归为五大类：Local 生活区、新上海人筑巢区、城市复合功能区、融合空间区（指老公房、回迁房与新建商品住宅融合并立）、远郊老城区。再从生活配套设施、居住人群画像、居民网上行为等角度分析住宅区的特点。例如，在 App 的使用上，Local 生活区和融合空间区的居民都关注运动健康，新上海人筑巢区的居民则对消费金融、投资理财更感兴趣。

在上海这样的一线城市中，在市中心上班却在城市外围居住的人非常常见。对城市外围住宅区的数据分析，展现了上海被笼罩在"国际金融中心"这一标签下的生活烟火气。

帝都绘则以大使馆分布为切入点，展现北京与世界的联系（见图 6-30）。据作品介绍，北京的大使馆均位于东二环至东四环之间，目前有三个使馆区，分别位于地铁建国门站、团结湖站、亮马桥站附近。作品的主要形式是横向的长图，比较适合在移动端阅读。

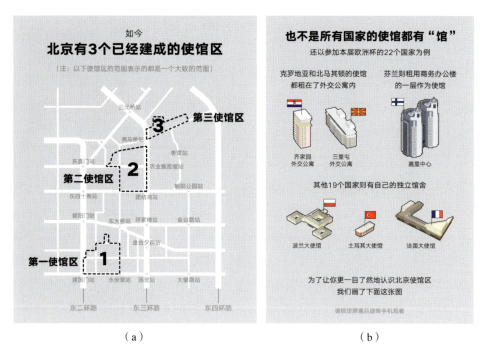

（a） （b）

图 6-30 北京使馆区

语言是城市的文脉。虽然北京话中类似"熊式炒蛋"（西红柿炒蛋）、"庄垫儿台"（中央电视台）这样的"梗"层出不穷，但这些实际上都是流传于北京城区的北京话，是北京话的"冰山一角"，北京郊区的方言其实非常多样。

帝都绘用微信 SVG 交互式图文的形式，在公众号上发布了一个关于北京方言的游戏（见图 6-31）。微信 SVG，看似是静态图片，实际上可以触发交互。例如，在这个作品中，只要点击图片，就能出现相应问题的正确答案。

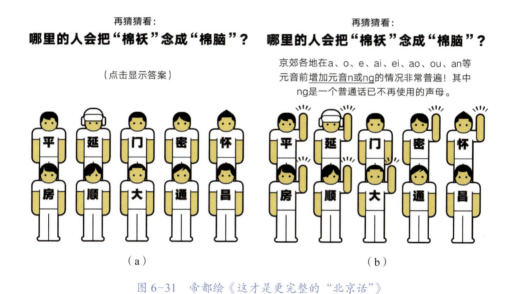

图 6-31　帝都绘《这才是更完整的"北京话"》

随着 3D 扫描仪、无人机、传感器、可穿戴设备等硬件的发展，根据实时交通拥堵数据自动调整交通指示灯的等待时间，利用三维激光扫描仪辅助修复古建筑，所有这些都是对城市的编程，推动城市不只经由基础设施生成数据，还永远在被数据重构的过程中，城市和城市中的人都经由编程而存在和不断更新（孙玮、李梦颖，2021）。城市可视化是数字城市这个可编程世界的具体铺陈，人们借由可视化这一虚拟可导航空间与实体和虚拟的城市空间交互，并因此而不断拓展、增加和更新城市自身。2019年深港城市/建筑双年展的主题是"城市交互"（http://www.sz.gov.cn/cn/xxgk/xwfyr/wqhg/20190401/），探讨城市空间与科技创新之间的关系。可视化,尤其是数据可视化应用走出电脑和手机屏幕。在人流密集的交通枢纽深圳福田高铁站里,美国东北大学艺术媒体设计学院保罗·丘卡雷利(Paolo Ciuccarelli)教授及团队开发了一个一公里长的大型公共数据显示器,用11张图表展示"城市之眼"团队策展从概念到落地的整个过程(见图6-32)。

图6-32 美国东北大学"城市之眼"项目

麻省理工学院的可感知城市实验室(MIT Senseable City Lab,https://senseable.mit.edu/)是一个探索如何用数字技术来助力城市发展的前沿实验室。他们使用传感器、大数据等数字技术手段收集城市的数字信息,并设计开发一系列工具来为城市工作者提供决策依据。图6-33所示互动可视化工具HubCab就是基于2011年纽约市1.7亿次出租车出行的数据集开发而成。它可以查看出租车的上下客时间、地理位置、路径,寻找所在地区有多少其他人有着同样的出行路线,找到最密集的上下客区域。这种对集体流动性的可视化提供了以往看不见的从出租车系统的角度来了解城市的内部运作,为促进纽约市形成一个更高效、便宜的出租车系统迈出了第一步。

第六章 可编程世界和虚拟可导航空间：数字新闻未来

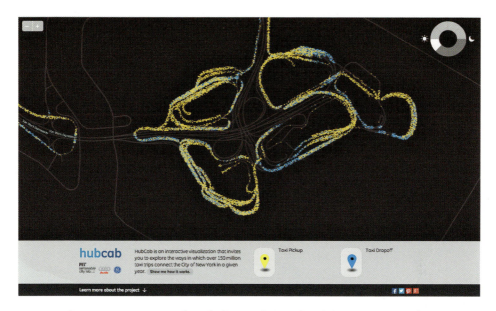

图 6-33 HubCab 显示每日凌晨 3—6 点纽约肯尼迪机场附近的上下客流

城市可视化更著名的实例是"威尼斯时光机器"（Venice Time Machine，https://www.epfl.ch/research/domains/venice-time-machine/）。这是由欧洲最具活力、位于瑞士的科技教育机构 EPFL 和意大利威尼斯大学（Ca'Foscari University of Venice）共同发起的先驱性国际数字人文科学计划。该项目第一阶段（2012—2019）创建了关于威尼斯历史演变的最大的地理历史数据库（见图 6-34）。其可视化至少有几个特征：大到城市，小到街道建筑，呈现为在时间上连续、在空间展开的明确知识；整合过往碎片化的数据，从土地登记册、居民与企业档案到绘画等视觉表征、街区结构样貌，从手稿著作到乐谱和旅行者日记，无所不包；通过对过往日常生活的复制，发现和表达过往的社交网络；可视化直观呈现了信息/知识密度不均本身也是一种知识，并为无知区域保留允许不确定性。该项目现在是"欧洲时光机器"的一部分，第二阶段（2020—2028）专注于开发"威尼斯镜像世界"（Venice Mirror World），一个与城市实体本身重叠的 4D 模型，将那些决定这座城市未来的人与其过去的信息直接相连。该项目的成果曾在世界各地的著名博物馆中展出，包括 2018 威尼斯建筑双年展、2018 年巴黎大皇宫

可视化新闻：数字新闻生产的创新与前瞻

（a）

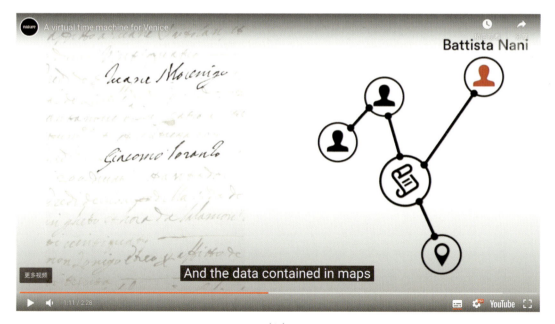

（b）

图6-34　Venice Time Machine

"耀眼的威尼斯"（Eblouissante Venise）特展和2022年维也纳美景宫美术馆"威尼斯万岁"（Viva Venezia!）特展[①]。

越来越多的新闻媒体将城市数据应用于可视化新闻，不仅限于使用经济、人口等统计数据。财新的《高铁动车？小时能到的地方，你想去哪个？》把中国的铁路车站和线路浓缩在一幅可缩放、可交互的地图中，用不同颜色的线段表示不同车程时间的铁路线路。用户任意选择一个出发点，就能看到从该城市出发的高铁动车网络（见图6-35）。

图6-35 财新《高铁动车？小时能到的地方，你想去哪个？》

硬件更新迭代也为城市可视化新闻带来了以往难以获得的画面和视角。2020年年底，在上海苏州河沿岸42公里岸线即将贯通之时，解放日报·上观新闻记者沿着苏州河顺流而下，使用无人机航拍了30座路桥和河岸两边的城市风光。上观新闻团队把航拍视频融合在H5里，实现竖屏全屏（见图6-36）。视频下方是苏州河在地图上的轮廓，随着航拍镜头向前

[①] "Venice Time Machine," EPFL, accessed April 15, 2022, https://www.epfl.ch/research/domains/venice-time-machine/.

图 6-36　解放日报·上观新闻《苏州河上有几座桥，岸边住着什么人？》

推进，地图会跟随前进至相应地理位置。以往的新闻视频需要用户翻转手机才能全屏观看，随着短视频社交平台的火热，用户已经完全适应竖屏观看，媒体也不得不迎合这一用户习惯。

　　在突发事件和灾难报道中，无人机能进入记者难以进入的现场。在天津港"8·12"特别重大火灾爆炸事故报道中，新华社天津分社记者岳月伟是最早使用无人机对现场进行航拍的摄影记者之一。他说，无人机在这次采访中发挥了"地面部队"无法替代的作用。当时现场情况不明，浓烟遮蔽视线，夹杂着刺鼻的气味，无人机可以更接近爆炸中心点。同时，无人机传回的图像，不仅用于新闻报道，也为当时救援工作提供了重要参考（王建华，2017）。

　　尤其值得重视的是，人工智能的诞生为可视化作品的数据获取提供了崭新的思路，也进一步凸显了可视化新闻的情感取向。例如，我们常看到针对文本的情感分析，有的是情感极性的判断（积极还是消极），有的是情感类型的识别(悲伤、愤怒还是快乐)。这些分析依赖自然语言处理(natural language processing)技术。近年来计算机视觉技术的发展,让针对人脸图像的情感分析成为可能。美国数据可视化公司 Periscopic 对从 1981 年里根到 2017 年特朗普之间的 10 届美国总统就职演讲视频进行了面部表情分析,并用羽毛来可视化每位总统演讲全过程的面部情绪变化。羽毛中的每根绒毛象征一次情绪外露的时刻。绒毛的长度表示情绪的强度,积极的情绪在上方,消极的情绪在下方,羽毛的总体曲线表明演讲者整体情绪是积极还是消极。绒毛的每一种颜色代表一种情绪(见图 6-37a)。

分析发现,只有特朗普在就职演讲时,面部情绪整体呈明显消极状态,并且消极情绪的出现频率和强度都远远高于积极情绪。与之相反,如小布什,整个演讲过程情绪都很积极向上(见图 6-37b)。基于此,这个作品戏

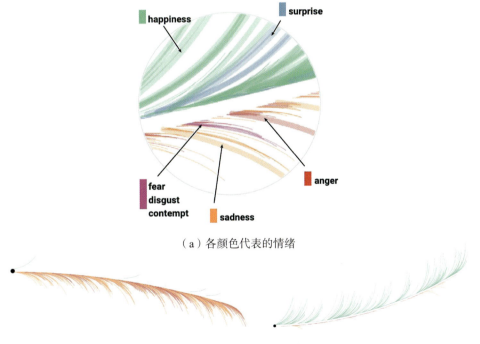

(a)各颜色代表的情绪

(b)特朗普(左)和小布什(右)在就职演讲时的面部情绪可视化

图 6-37 "One Angry Bird, Emotional arcs of the past ten U.S. presidential inaugural addresses"(《愤怒的小鸟,过往十届美国总统就职演讲的情感弧线》)

称特朗普是一只"愤怒的小鸟"。

这个作品的人脸情绪识别通过微软的 Microsoft Emotion API 实现，分析者不需要知道如何训练机器去抓取人脸、判断情绪，只需要调用 API 并输入图片，API 会自动反馈分析结果。

有的作品却是真正通过机器学习来获取数据。BuzzFeed 的可视化新闻作品"We trained a computer to search for hidden spy planes. This is what it found"（《我们训练了一台计算机来搜索隐藏的间谍飞机，这就是它的发现》）通过让计算机学习过去发现的间谍飞机的飞行特征，使其能自动从大量航班的飞行数据中识别出间谍机。成功训练后，作品有了一些有趣的发现。例如，有一架飞机在过去几年内持续在佛罗里达州棕榈滩县周边盘旋，并在其海岸边巡逻，飞机携带监控摄像头和 AR 系统（见图 6-38），极大可能隶属于棕榈滩县警长办公室，用以维护治安。

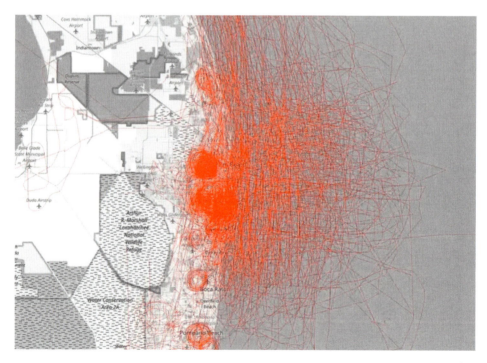

图 6-38 一架间谍机 2015 年 1 月至 2017 年 7 月间的飞行路线

数码照片和视频内置的地理位置信息 GIS 与时间码，也在可视化新闻中发挥作用。2021 年 1 月，特朗普支持者冲击国会大厦事件之后，ProPublica 收集了社交平台 Parler 上发布的 500 多条现场视频，将它们按时间顺序排序，为读者还原当天冲击事件的全貌。作品根据每条视频的事发地点给视频编码，分为三类——华盛顿特区附近、国会大厦附近、国会大厦内，最后得到如图 6-39 所示的时间轴。从时间轴上看，冲突在 1 月 6 日下午 3 点左右白热化。点击时间轴上任意一点，网页便会自动下滑到对应时刻的视频处并开始播放。

图 6-39 "What Parler saw during the attack on the capitol"

随着点击鼠标、触摸屏幕等交互走向成熟，一些新的人机交互形态也被广泛运用。软件和智能硬件的结合构建了一套感知和响应现实世界的可视化系统，实现人与数字世界的直接交互，丰富了虚拟可导航空间的人机接口功能。例如，德国的道路交通条例规定机动车必须与自行车保持一定的安全距离，尽管实际判例中指出至少要保持 1.5 米，但法律并没有给"安全距离"一个明确的定义。德国《每日镜报》(*Der Tagesspiegel*) 发起了一项"Radmesser"项目，由记者、物理学家和机器学习专家组成的跨学科团队开发了一个手机应用程序和一个距离传感器，安装在自行车上，用于测量汽车是否与城市中的自行车骑行者保持足够距离（见图 6-40a）。

项目组招募的 2 500 名志愿者在柏林全市一共骑行了 13 300 多公里，距离传感器测量了 16 700 次超车行为（见图 6-40b），并记录下超车时机动车与自行车之间保持的距离。分析表明，有 9 402 例机动车与自行车的距离不到 1.5 米，甚至有 192 例连 50 厘米都没到。这个综合传感器、机器学习、数据可视化的交互报道获得了 2019 年数据新闻奖最佳创新奖。

(a)安装在自行车上的距离传感器

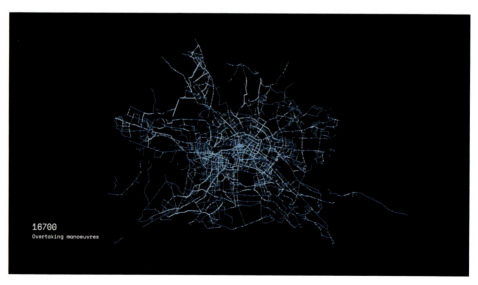

(b)距离传感器测量了 16 700 次超车行为

图 6-40 "Radmesser"项目

可视化新闻的沉浸式交互,即 AR 和 VR 的使用,进一步凸显虚拟可导航空间的特征。沉浸式交互比图表有着更具身体性和感官性的用户体验,在二维平面中用户很难体会到高度或速度,但在三维世界中用户可以和博尔特一起百米赛跑,也可以站在埃菲尔铁塔下仰望塔尖。除了具身的身体和感官沉浸,用户也可以在虚拟场景中变身为任何物体、处于现实物理空间无法附着的任何场景,获得超越现实世界的沉浸式交互。例如,《纽约时报》为了向民众说明戴口罩能够有效阻隔新冠病毒,使用 AR 技术模拟放大 N95 口罩中的纤维如何吸附病毒气溶胶(见图 6-41)。开发人员尼克·巴措卡斯(Nick Bartzokas)解释了使用 AR 的用意:"口罩似乎只是一张薄纸,但对于气溶胶来说,它是一片茂密的森林。在这项产品中,你能想象把自己放在一颗气溶胶的位置上去感受它是如何被捕获的。"①

图 6-41 N95 口罩中的纤维如何吸附病毒气溶胶

---

① "Developing animated sequences for augmented reality," *The New York Times*, November 17, 2020, accessed March 15, 2022, https://rd.nytimes.com/projects/developing-animated-sequences-for-augmented-reality.

加拿大媒体气象频道（The Weather Channel）则把洪水、台风搬到了电视新闻里。在讲解佛罗伦萨飓风带来的威胁时，气象频道把演播厅变成了一个虚拟环境，运用 AR 技术 360 度模拟展示暴风雨的严重程度，让观众身临其境，置身极端天气中（见图 6-42）。不仅是飓风，山火、洪水、冰雹等气候灾害也被气象频道一一"带"进了演播厅。天气集团（Weather Group）设计副总裁说："过去三十年来，天气预报都是一成不变的——一个人站在地图前解说。我们想让观众在气候报道的科学中参与得更多一些。"①

《华盛顿邮报》"Millions of Americans can trace their ancestry back to tenements like this one"（《数以万计的美国人可以从这样的公寓中追溯他们

图 6-42　AR 呈现佛罗伦萨飓风带来的暴风雨

---

① "The best use of augmented reality right now is the Weather Channel's," Intelligencer, January 21, 2019, accessed March 18, 2022, https://nymag.com/intelligencer/2019/01/the-weather-channels-augmented-reality-segments.html.

祖先的生活》）使用激光扫描仪、无人机和手持相机扫描并拍摄了曼哈顿下东区唐人街博物馆的建筑物和房间的所有侧面，用一种非接触式、非破坏性的技术，输出具有精确尺寸和形状的三维渲染，还原了19世纪中叶移民涌入纽约时的生活景象（见图6-43）。

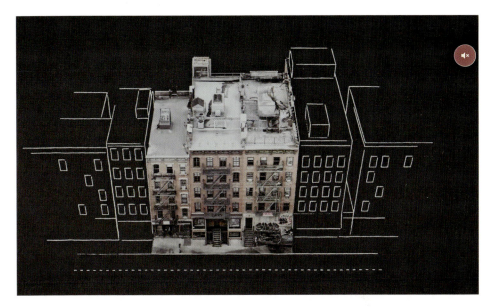

图6-43　19世纪中叶移民涌入纽约时的生活景象

还有一种尝试是声音可视化。我们能听见声音，但能"看见"声音吗？可视化是一种具有跨感官功能的信息设计方法，除了数据、文本的可视化，触觉、嗅觉和声音等信息也可以进行可视化。最常见的声音可视化就是对声波和震动的可视化。新闻媒体对声音的呈现已有丰富的实例。2017年数据新闻奖（Data Journalism Award）中的年度数据可视化奖颁给了一个音乐可视化作品——《华尔街日报》的"The rhymes behind Hamilton"（《汉密尔顿的韵律》）。音乐剧《汉密尔顿》以独特的说唱风格风靡美国百老汇，并创造了票房奇迹。歌曲的旋律、节奏为何能够如此深入人心？这件作品设计了一种算法能够识别其歌词部分的复杂押韵结构，并以可视化方式呈现（见图6-44）。

图 6-44 《华尔街日报》"The rhymes behind Hamilton"

澎湃新闻的《爆款新春歌曲调配指南》[①]则把热门新春歌曲的编曲拆解开来，从乐器、曲调、配乐、旋律、副歌部分的重复来解密这些歌曲为什么朗朗上口、传唱度高（见图 6-45）。

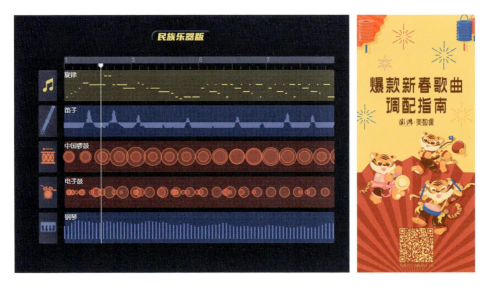

图 6-45 澎湃新闻《爆款新春歌曲调配指南》

---

① 《爆款新春歌曲调配指南》，澎湃新闻，http://h5.thepaper.cn/html/zt/2021/02/xcgq/index.html，最后浏览日期：2022 年 3 月 18 日。

四、NFT、元宇宙与数字新闻未来

对于身处可编程世界的数字新闻业而言，以交互性和社交性为核心的可视化新闻作为这一新世界的构件，在智能手机方寸之间生成辽阔的虚拟可导航空间，并不是数字新闻的终点。一个无垠的元宇宙正在降临。在学者看来，从古至今人类对超越现实、从现实宇宙进入想象宇宙的渴望都是真实而强烈的。随着科技的发展，现实宇宙与想象宇宙之间的界线开始被打破，它们越来越互相融合，例如线上购物、在虚拟世界通过虚拟活动获得的虚拟货币，可以说人类的虚拟活动越来越具有实体性力量。这种融合的结果就是元宇宙，其核心是界线的打破、维度的提升。换言之，元宇宙是一种新的超越和融合：信息、社交、游戏、教育、工作、现实、虚拟……这些以往被分割的领域都随着技术的发展越来越被整合进来[①]。

虽然目前元宇宙仍处于"社交+游戏场景"的初始与奠基阶段，还远未实现全产业覆盖和生态开放、经济自洽、虚实互通的理想状态，但是对于生产和传播高度依赖互联网的媒体来说，"元宇宙"是包括数字新闻业在内的媒介融合下一步进程中不可忽视的概念。早在互联网进入社会生活伊始，媒介学者曼纽尔·卡斯特就断言："作为一种历史趋势，信息时代的支配性功能与过程日益以网络组织起来。网络建构了我们社会的新社会形态，而网络化逻辑的扩散实质地改变了生产、经验、权力与文化过程中的操作和结果。……我们可以称这个社会为网络社会，其特征在于社会形态胜于社会行动的优越性。"（2001：569）如今，以互联网为代表的数字信息技术已深刻重构社会形态，在去中心化的同时孕育出新一代数字媒介，使传统大众媒介作为新闻生产者的垄断地位被打破，并重新融合成新的媒介生态。20 世纪 80 年代，美国麻省理工学院政治学系创始人伊契尔·索

[①] 严锋：《严锋：元宇宙的前世今生》（2022 年 1 月 9 日），爱思想，https://www.aisixiang.com/data/130797.html，最后浏览日期：2022 年 4 月 20 日。

勒·普尔（Ithiel de Sola Pool）在其重要著作《自由的技术》（*Technologies of freedom*）一书中提出了"媒介融合"的概念（Pool，1983），即原有的媒介形态划分界线在新技术下逐渐消融，由此造成的多功能一体化趋势（融合）。

当时间走到2022年，如果将可视化新闻的讨论延展到数字新闻前瞻领域，便无法忽视"元宇宙"这一概念的迅速走红。这个最初由科幻小说家尼尔·斯蒂芬森在1992年的小说《雪崩》中创造出来的概念，如今基于大数据、云计算、人工智能等多种数字化信息技术的惊人发展正在成为现实——互联网已经分布并整合到多个对象和场景中，网络不仅联结了人与人，还联结人与物、物与物。有媒介学者认为，与20世纪新闻业专业化过程相伴的，是社会各行各业的计算机化与数字化。这一趋势进入新闻业带来的数字媒体和多媒体编辑部的融合特征给组织化的新闻机构带来了挑战，并且对传统媒介文化产生了威胁（Deuze，2005）。如果说在互联网1.0时代和互联网2.0时代，以个人电脑和手机为媒介代表的技术，使图文、视频的边界脱离了原有的渠道限制，数字网络基本完成对社会个体的基础性接入，"永久在线，永久连接"成为移动互联网时代的生活方式（周葆华，2020），但这种在线和连接在物理层面仍然是以屏幕为界限或界面的，现实世界与电子世界之间仍然存在隔阂。

元宇宙引入虚拟现实（VR）、增强现实（AR）、人工智能（AI）、智能网络（IN，intelligent network）、物联网（internet of things）等新的技术，将改变人类与故事的"物理关联"方式——通过"视、听、触、识"的闭合方式，创生幻觉性的沉浸意识和交互体感，最终形成崭新的故事情境。这是一种"主体身体化"的情形，它首先违背传统主体哲学的逻各斯规则，其次与传统的叙事艺术分道扬镳（周志强，2021）。正如保罗·莱文森（2011）在《新新媒介》中所说，我们正在走向新新媒介创造文化、新闻和娱乐的世界。可编程世界中的可视化新闻，只是数字新闻产品实践之一，而非全部。

过去一年多，海内外多家新闻媒体纷纷尝试把新闻作品变成NFT

（Non-Fungible Token，非同质化代币）形态的数字艺术藏品。NFT 的存在改变了传统虚拟商品的交易模式，创作者、用户可以直接生产、交易虚拟商品。美联社是第一个涉足 NFT 的新闻机构。2021 年 3 月，美联社以 18 万美元售出一幅名为《大选：来自外太空的视角》的数字艺术品，以纪念在区块链领域首次报道美国总统选举；当年 10 月，美联社又以 NFT 形式发售一套收藏品（Unique Moments Collection），汇集该社过去 100 年记录的 53 个珍贵历史瞬间的高分辨率图像。同年 6 月，《今日美国》（*USA Today*）拍卖了 NFT 形式的第一份现场报道"通行证"，买家能够与记者一起探访肯尼迪航天中心，标志着 NFT 由内容产品拓展到数字新闻生产全流程（史安斌、杨晨晞，2021）。新华社于 2021 年年底发行中国首套"新闻数字藏品"NFT，将精选的 2021 年新闻摄影报道通过区块链 NFT 技术进行铸造，预发行 11 张，每张限量 10 000 份[①]。2022 年新春佳节之际，解放日报·上观新闻与上海树图区块链研究院合作，从过往 6 个虎年（1950—2010）的新年报纸版面中，精心挑选出具有时代感和浓浓年味儿的版面，铸成"数字藏品"，限量发行 2 022 份，以抽奖形式免费发放（见图 6-46）。每份藏品都是独一无二的，为用户呈现出丰厚的历史与时代风貌。

分布式加密记账技术已经诞生很多年，曾被寄望用于媒体 UGC 内容的版权保护和不可更改。NFT 的突然热门却出乎意料，细究其原因在于虚拟的数字藏品被新一代网民接受并拥趸。把新闻产品变成数字藏品的尝试，不仅为媒体将新闻内容转化成商业价值开辟了新的路径，也为数字新闻生产进入元宇宙做了一定的技术和心理准备。2021 年 6 月，新华社推出数字记者"小铮"。据新华社媒体融合生产技术与系统国家重点实验室介绍，"小铮"除了是新华社数字记者，也是全球首位数字宇航员，是率先发起的元宇宙原型项目。作为数字人，"小铮"要在超大规模数字场景中活动，以

[①]《新华社将发行中国首套"新闻数字藏品"NFT》（2021 年 12 月 22 日），新浪财经，https://finance.sina.com.cn/blockchain/coin/2021-12-22/doc-ikyakumx5634959.shtml；新华社官方微博，https://weibo.com/1699432410/L7cEl9oEl，最后浏览日期：2022 年 4 月 20 日。

图 6-46 解放日报·上观新闻虎年纪念版数字藏品抽奖

5G、云计算、计算机图形学等技术为支撑。"小净"不仅是一位主流价值观虚拟偶像,也代表着面向未来的探索。"这与时下大热的元宇宙概念密切相关,也有人叫它 3D 互联网、全真互联网,其实指向的是同一件事:互联网的未来。有了数字人、数字世界,还要有互动。除了自然语言处理外,我们也在探索情绪感知等新的人机交互方式,目前正联合国内外多家机构开展攻关。"[1]

这些数字新闻领域的前瞻性尝试说明,元宇宙媒介技术未来发展的重点可能不是在旧有框架内拓宽连接范围、延长在线时长,而在于对内容的生产、传播和消费的模式进行重新组织。尽管元宇宙仍是一个不断发展、

---

[1] 吴文汐:《媒体遇上元宇宙:数字记者吸引眼球,5G、云计算等新技术推动媒体融合》(2021 年 11 月 24 日),21 世纪经济报道,https://m.21jingji.com/article/20211124/herald/0241d72d5ef679746cdbde20de1e3725_zaker.html,最后浏览日期:2022 年 4 月 20 日。

演变的事物，这一概念在未来仍将随着技术的进步和用户的参与不断演进，但其逐步落地必将改变人类对于"自身存在"的认知，开始认同向虚拟时空的跃迁是信息技术和人类文明发展的必然趋势（邢杰、赵国栋、徐远重等，2021：50）。或许在不远的将来，可视化新闻的虚拟可导航空间将无法满足公众进一步"踏入"新闻现场的心理和情感需求，元宇宙将提供与现实一模一样的场景，人们借助头戴设备通过沉浸式体验"真正"进入新闻现场，每个人都将获得全方位仿真、具身且独特的专属新闻体验。在这种全仿真状态下，数字新闻生产也将进一步与各类线上服务相结合。更重要的是，如果元宇宙是一个虚实共生的永续世界，是人类下一代伟大的生存与劳动平台，如学者们乐观的预期，建设元宇宙的过程不仅是现实世界人、财产、社交关系和行为等一切事务的数字化映射过程，更是人类政治学、经济学、管理学、伦理学、法学、社会学等一系列重大学科重构的过程（邢杰、赵国栋、徐远重等，2021），那么新的数字新闻法则及相关实践所关乎的建设更公平、更多元、更自由、更积极、更相互包容与理解的社会公共生活，也将得到一次绝无仅有的机会。这是对技术的考验，更是对人自身的考验。尤其有关被动与主动、控制与自由、去主体化与再主体化这些当下人们在有关新技术的讨论中尚且悬而未决的难题，或将不断加深"元宇宙"这一概念的内部裂痕（姜宇辉，2021）。因此，拷问作为公共知识的数字新闻未来与人类社会公共生活的关系，更显得至关重要。

· 本章图片来源 ·

图 6-1 《卫报》里约奥运会专题，https://www.theguardian.com/sport/ng-interactive/2016/，最后浏览日期：2021 年 12 月 5 日

图 6-2 《海拔四千米之上：三江源国家公园》（2018 年 11 月 19 日），澎湃新闻，https://h5.thepaper.cn/html/zt/2018/11/sanjiangyuan/index.html，最后浏览日期：2021 年 12 月 23 日

图 6-3 "Your phone is now a refugee's phone [watch on a mobile]," YouTube-bbcmediaaction, July 18, 2016, accessed December 25, 2021, https://www.youtube.com/watch?v=m1BLsySgsHM

图 6-4 笔者个人微博，https://weibo.com/1812879174/L6PNiAqvW，最后浏览日期：2021 年 12 月 25 日

图 6-5 "Modern women in the land of Genghis Khan," BBC News, accessed December 25, 2021, https://www.bbc.co.uk/news/resources/idt-sh/mongolian_women

图 6-6 "The cultural borders of songs," The Pudding, accessed December 25, 2021, https://pudding.cool/2018/06/music-map/?date=202106

图 6-7 "How long are you going to live?" BBC News, May 14, 2018, accessed December 25, 2021, https://www.bbc.co.uk/news/health-44107940

图 6-8 The Guardian VR，苹果手机应用商店，最后浏览日期：2021 年 12 月 25 日

图 6-9 "上观新闻""澎湃新闻""财新"手机客户端，最后浏览日期：2021 年 12 月 25 日

图 6-10 李彤彤、曹俊：《从"一五"到"十四五"的 68 年，高频词变化窥见上海发展的密码》（2021 年 1 月 30 日），解放日报·上观新闻，https://www.jfdaily.com/staticsg/res/html/web/newsDetail.html?id=336995&sid=67，最后浏览日期：2021 年 12 月 25 日

图 6-11 戴烨宁、李彤彤、曹俊：《给小孩取个啥名？大陆和台湾家长都爱上了偶像剧主角的名字》（2021 年 2 月 6 日），解放日报·上观新闻，https://www.jfdaily.com/staticsg/res/html/web/newsDetail.html?id=338907&sid=67，最后浏览日期：2021 年 12 月 25 日

图 6-12 连俊翔、狄斐、曹俊：《上海春菜图鉴：最受欢迎的居然是平平无奇的它》（2021 年 3 月 26 日），解放日报·上观新闻，https://www.jfdaily.com/staticsg/res/html/web/newsDetail.html?id=352737&sid=67，最后浏览日期：2021 年 12 月 25 日

图 6-13 《解放日报》视觉部；章迪思、黄海昕：《注意了！从上海口岸入境，请务必读懂此图》（2020 年 3 月 18 日），解放日报·上观新闻，https://www.jfdaily.com/staticsg/res/html/web/newsDetail.html?id=225729&sid=67，最后浏览日期：2021 年 12 月 25 日

图 6-14 马丽琛、脱盆：《让数据动起来！1990—2019 浦东与主要二十城 GDP 比较》（2020 年 11 月 12 日），解放日报·上观新闻，https://www.jfdaily.com/staticsg/res/html/web/newsDetail.html?id=310434&sid=67，最后浏览日期：2021 年 12 月 25 日

图 6-15 《145 秒短片，人与数据舞动"十四五"》（2021 年 3 月 13 日），新华网，http://www.xinhuanet.com/politics/2021-03/13/c_1127206075.htm，最后浏览日期：2021 年 12 月 26 日

图 6-16 "解放日报"官方微博，2021 年 6 月 24 日，https://weibo.com/3114175427/

KlCepvtyL；AKB48TeamSH 官方微博，2021 年 6 月 27 日，https://weibo.com/6395178860/Km5oHkOUt，最后浏览日期：2021 年 12 月 26 日

图 6-17　《浦江 45 公里岸线百年魅力－徐汇滨江篇》（2018 年 1 月 24 日），解放日报·上观新闻，https://web.shobserver.com/thirdParty/westbund/index.html?ver=2.0，最后浏览日期：2021 年 12 月 26 日

图 6-18　《上海相亲角调查》（2018 年 11 月 11 日），解放日报·上观新闻，https://web.shobserver.com/thirdParty/2019/xiangqinjiao_v2/index.html，最后浏览日期：2021 年 12 月 26 日

图 6-19　《天渠》（2017 年 4 月 23 日），澎湃新闻，https://h5.thepaper.cn/html/zt/2017/04/tianqu/index.html，最后浏览日期：2021 年 12 月 26 日

图 6-20　《致敬｜好人耀仔：一位宁德村支书的 45 岁人生》（2016 年 10 月 17 日），澎湃新闻，https://h5.thepaper.cn/html/zt/2016/10/gutian/index.html，最后浏览日期：2021 年 12 月 26 日

图 6-21　《虹镇老街：上海市区最大棚户区华丽转身》（2020 年 10 月 14 日），澎湃新闻，https://h5.thepaper.cn/html/interactive/2020/10/hong_zhen_lao_jie/index.html，最后浏览日期：2021 年 12 月 26 日

图 6-22　视觉中心：《平凡之路，勇者归来！上海医疗队在武汉影像纪实精选海报先睹》（2020 年 5 月 20 日），解放日报·上观新闻，https://www.jfdaily.com/staticsg/res/html/web/newsDetail.html?id=249875&sid=67；解放视觉：《因为感动，所以记录！上海医疗队支援武汉 50 天影像纪实》（2020 年 3 月 13 日），解放日报·上观新闻，https://www.jfdaily.com/staticsg/res/html/web/newsDetail.html?id=223658&sid=67，最后浏览日期：2021 年 12 月 26 日

图 6-23　《今天，发条微信一起点亮武汉》（2020 年 4 月 7 日），微信公众号"人民日报"，https://mp.weixin.qq.com/s/AKyWRfISclK-HU67ObSuRQ，最后浏览日期：2021 年 12 月 26 日

图 6-24　《史上最伟大创业，你能闯到哪一关？》（2021 年 5 月 17 日），解放日报·上观新闻，https://data.shobserver.com/web/69/index.html，最后浏览日期：2021 年 12 月 26 日

图 6-25　"Reconstructing seven days of protests in Minneapolis after George Floyd's death," *The Washington Post*, October 9, 2020, accessed May 17, 2021, https://www.washingtonpost.com/graphics/2020/national/live-stream-george-floyd-protests/?itid=lk_inline_manual_4

图 6-26　"The month coronavirus felled American business," *The Wall Street Journal*, April 4, 2020, accessed May 17, 2021, https://www.wsj.com/graphics/march-changed-everything/

图 6-27 《你所不知道的人文浦东：五个人的故事和浦东五百年的故事》（2020 年 11 月 12 日），解放日报·上观新闻，http://hdh5.shobserver.com/v2/manage/book/xqqbao/，最后浏览日期：2021 年 12 月 26 日

图 6-28 《浦东·嬗变：一份三十年的答卷》（2020 年 11 月 12 日），解放日报·上观新闻，https://web.shobserver.com/thirdParty/2020/pdshanbian/welcome2.html，最后浏览日期：2022 年 3 月 22 日

图 6-29 《魔都 348 个地铁站 222 个是睡城？上海外围地铁住区的四型性格图谱》（2021 年 2 月 27 日），微信公众号"新一线城市研究所"，https://mp.weixin.qq.com/s/pji9h8njj1-G0gWj9qEd7g，最后浏览日期：2022 年 3 月 22 日

图 6-30 《从北京的东三环走向世界》（2021 年 6 月 25 日），微信公众号"帝都绘"，https://mp.weixin.qq.com/s/MuXMvgzgJawctrOHN81UAQ，最后浏览日期：2022 年 3 月 22 日

图 6-31 《这才是更完整的"北京话"》（2021 年 11 月 19 日），微信公众号"帝都绘"，https://mp.weixin.qq.com/s/cLAzYw4RIecpfnAn2-PYxA，最后浏览日期：2022 年 3 月 22 日

图 6-32 "Curating Curation–Shenzhen Biennale," Northeastern University, College of Arts, Media and Design, accessed March 15, 2022, https://www.northeastern.edu/visualization/allprojects/curating-curation-shenzhen-biennale-of-urbanism-architecture/

图 6-33 "Exploring New York City taxi trails and sharing our way to a more sustainable urban future," MIT Senseable City Lab, accessed March 15, 2022, https://senseable.mit.edu/hubcab/

图 6-34 "Venice Time Machine," EPFL, accessed April 15，2022，https://www.epfl.ch/research/domains/venice-time-machine/

图 6-35 《高铁动车?小时能到的地方，你想去哪个？》，财新，https://datanews.caixin.com/mobile/gaotie/，最后浏览日期：2022 年 3 月 15 日

图 6-36 《苏州河上有几座桥，岸边住着什么人？》，解放日报·上观新闻，https://hdh5.shobserver.com/v2/manage/book/ifly0v/，最后浏览日期：2022 年 3 月 18 日

图 6-37 "One Angry Bird, Emotional arcs of the past ten U.S. presidential inaugural addresses," Periscopic, accessed March 22, 2022, https://emotions.periscopic.com/inauguration/

图 6-38 "We trained a computer to search for hidden spy planes. This is what it found," BuzzFeed News, August 7, 2017, accessed March 22, 2022, https://www.buzzfeednews.com/article/peteraldhous/hidden-spy-planes

图 6-39 Lena V. Groeger, Jeff Kao, Al Shaw, Moiz Syed & Maya Eliahou, "What Parler saw

图 6-40　during the attack on the capitol," ProPublica, January 17, 2021, accessed March 22, 2022, https://projects.propublica.org/parler-capitol-videos/

图 6-40　"The Innovation Award 2019 Nominee," European Press Prize, accessed March 18, 2022, https://www.europeanpressprize.com/article/radmesser/

图 6-41　"Masks work. Really. We'll show you how," *The New York Times*, October 30, 2020, accessed March 15, 2022, https://www.nytimes.com/interactive/2020/10/30/science/wear-mask-covid-particles-ul.html

图 6-42　Brian Feldman, "The best use of augmented reality right now is the Weather Channel's," Intelligencer, January 21, 2019, accessed March 18, 2022, https://nymag.com/intelligencer/2019/01/the-weather-channels-augmented-reality-segments.html

图 6-43　"Millions of Americans can trace their ancestry back to tenements like this one," *The Washington Post*, accessed March 15, 2022, https://www.washingtonpost.com/arts-entertainment/interactive/2021/tenement-museum/

图 6-44　"How does 'Hamilton,' the non stop, hip-hop Broadway sensation tap rap's master rhymes to blur musical lines?" *The Wall Street Journal*, accessed March 18, 2022, http://graphics.wsj.com/hamilton/

图 6-45　《一个金奖！一个铜奖！》（2022 年 3 月 16 日），微信公众号"冬枣树 DZT"，https://mp.weixin.qq.com/s/DHdcQ_-Ba3IzfIxsBhMODQ，最后浏览日期：2022 年 3 月 18 日

图 6-46　乔梦婷、何书瑶：《开年好彩头！2022 份解放日报虎年纪念版数字藏品抽奖报名开启，速速来看→》（2022 年 1 月 31 日），解放日报·上观新闻，https://web.shobserver.com/staticsg/res/html/web/newsDetail.html?id=446818，最后浏览日期：2022 年 4 月 20 日

本章参考文献

保罗·莱文森（2011）. 新新媒介. 何道宽译. 上海：复旦大学出版社.

常江, 田浩（2021）. 介入与建设："情感转向"与数字新闻学话语革新. 中国出版, 10：9-16.

黄旦（2016）. "千手观音"：数字革命与中国场景. 探索与争鸣, 11：20-27.

姜宇辉（2021）. 元宇宙作为未来之"体验"——一个基于媒介考古学的批判性视角. 当代电影, 12：20-26.

科西莫·亚卡托（2021）. 数据时代——可编程未来的哲学指南. 何道宽译. 北京：中国大百科全书出版社.

列夫·马诺维奇（2020）. 新媒体的语言. 车琳译. 贵阳：贵州人民出版社.

陆晔，赖楚谣（2021）.创造新公共社区：移动互联网时代新闻生产的情感维度.中国出版，10：3-8.

曼纽尔·卡斯特（2001）.网络社会的崛起.夏铸九等译.北京：社会科学文献出版社.

尼古拉斯·米尔佐夫（2017）.如何观看世界.徐达艳译.上海：上海文艺出版社.

全晓艳，常江（2016）.2015：西方新闻可视化发展的新趋势及其解读.中国记者，1：115-117.

史安斌，杨晨晞（2021）.从 NFT 到元宇宙：前沿科技重塑新闻传媒业的路径与愿景.青年记者，21：84-87.

孙玮（2020）.我拍故我在 我们打卡故城市在——短视频：赛博城市的大众影像实践.国际新闻界，6：6-22.

孙玮，李梦颖（2021）.扫码：可编程城市的数字沟通力.福建师范大学学报（哲学社会科学版），6：132-143.

王建华（2017）.天空之眼，摄影升维——新华社"天空之眼"无人机队新闻摄影实践与思考.中国记者，1：14-16.

邢杰，赵国栋，徐远重等（2021）.元宇宙通证——通向未来的护照.北京：中译出版社.

周葆华（2020）.永久在线、永久连接：移动互联网时代的生活方式及其影响因素.新闻大学，3：84-106.

周志强（2021）.元宇宙、叙事革命与"某物"的创生.探索与争鸣，12：36-41，177.

Appelgren, E. (2018). An illusion of interactivity: The paternalistic side of data journalism. *Journalism Practice*, 12(3): 308-325.

Bucher, H. J. & Schumacher, P. (2006). The relevance of attention for selecting news content. An eye-tracking study on attention patterns in the reception of print and online media. *Communications*, 31(3): 347-368.

CNNIC（2021）.第 47 次中国互联网发展状况统计报告（2021-02-03），国家互联网信息办公室，http://www.cac.gov.cn/2021-02/03/c_1613923423079314.htm，最后浏览日期：2021 年 5 月 17 日.

Coddington, M. (2015). Clarifying journalism's quantitative turn: A typology for evaluating data journalism, computational journalism, and computer-assisted reporting. *Digital Journalism*, 3(3): 331-348.

Constine, J. (2015). Virtual reality, the empathy machine, accessed May 30, 2021, http://techcrunch.com/2015/02/01/what-it-feels-like/.

De Haan, Y., Kruikemeier, S., Lecheler, S., Smit, G. & Van der Nat, R. (2018). When does an infographic say more than a thousand words? Audience evaluations of news visualizations. *Journalism Studies*, 19(9): 1293-1312.

De la Peña, N. et al. (2010). Immersive journalism: Immersive virtual reality for the first-person experience of news. *Presence: Teleoperators and Virtual Environments*,19(4): 291−301.

Deuze, M. (2005). What is journalism? Professional identity and ideology of journalists reconsidered. *Journalism*, 6(4): 442−464.

Duffy, A. & Ang, P. H. (2019). Digital journalism: Defined, refined, or re-defined. *Digital Journalism*, 7(3): 378−385.

Ferrer-Conill, R. & Tandoc Jr., E. C. (2018). The audience-oriented editor: Making sense of the audience in the newsroom. *Digital Journalism*, 6(4): 436−453.

Few, S. & Edge, P. (2008). What ordinary people need most from information visualization today. *Perceptual Edge: Visual Business Intelligence Newsletter*, 1−7.

Hernandez, R. K. & Rue, J. (2015). *The principles of multimedia journalism: Packaging digital news*. New York: Routledge.

Kennedy, H., Allen, W., Engebretsen, M., Hill, R. L., Kirk, A. & Weber, W. (2021). Data visualisations: Newsroom trends and everyday engagements. In Bounegru, L. & Gray, J. (ed.). *The data journalism handbook: Towards a critical data practice* (pp.162−173). Amsterdam: Amsterdam University Press.

Kennedy, H., Hill, R. L., Aiello, G. & Allen, W. (2016). The work that visualisation conventions do. *Information, Communication & Society*, 19(6): 715−735.

Lee, E. J. & Kim, Y. W. (2016). Effects of infographics on news elaboration, acquisition, and evaluation: Prior knowledge and issue involvement as moderators. *New Media & Society*, 18(8): 1579−1598.

Link, E., Henke, J. & Möhring, W. (2021). Credibility and enjoyment through data? Effects of statistical information and data visualizations on message credibility and reading experience. *Journalism Studies*, 22(5): 575−594.

McKenna, S., Henry Riche, N., Lee, B., Boy, J. & Meyer, M. (2017). Visual narrative flow: Exploring factors shaping data visualization story reading experiences. *Computer Graphics Forum*, 36(3): 377−387.

Molyneux, L. (2018). Mobile news consumption: A habit of snacking. *Digital Journalism*, 6(5): 634−650.

Newman, N. (2019). Journalism, media, and technology trends and predictions 2019, accessed May 30, 2021, https://reutersinstitute.politics.ox.ac.uk/sites/default/files/2019-01/Newman_Predictions_2019_FINAL_0.pdf.

Ovaskainen, E. (2019). Visual storytelling on mobile phones. Reuters Institute & University of Oxford, accessed December 25, 2021, https://reutersinstitute.politics.ox.ac.uk/news/visual-storytelling-mobile-phones; Mobvis 2018, accessed December 25, 2021, http://mobvis.gtc.ox.ac.uk/.

Papacharissi, Z. (2015). *Affective publics: Sentiment, technology, and politics*. Oxford: Oxford University Press.

Parasie, S. & Dagiral, E. (2013). Data-driven journalism and the public good: "Computer-assisted-reporters" and "programmer-journalists" in Chicago. *New Media & Society*, 15(6): 853–871.

Pérez-Montoro, M. & Veira-González, X. (2018). Information visualization in digital news media. In Pérez-Montoro M. (ed.) *Interaction in digital news media* (pp.33–53). Cham: Palgrave Macmillan.

Pool, I. S. (1983). *Technologies of freedom*. Boston: Harvard University Press.

Segel, E. & Heer, J. (2010). Narrative visualization: Telling stories with data. *IEEE Transactions on Visualization and Computer Graphics*, 16(6): 1139–1148.

Weber, W. (2020). Exploring narrativity in data visualization in journalism. In Engebretsen, M. & Kennedy, H. (ed). *Data visualization in society* (pp.295–311). Amsterdam: Amsterdam University Press.

Weber, W., Engebretsen, M. & Kennedy, H. (2018). Data stories. Rethinking journalistic storytelling in the context of data journalism. *Studies in Communication Sciences*, 18 (1): 191–206.

Westlund, O. (2013). Mobile news: A review and model of journalism in an age of mobile media. *Digital Journalism*, 1(1): 6–26.

图书在版编目(CIP)数据

可视化新闻:数字新闻生产的创新与前瞻/徐蓓蓓,陆晔主编;陆晔等著. —上海:复旦大学出版社,2023.8
ISBN 978-7-309-16683-5

Ⅰ.①可⋯ Ⅱ.①徐⋯②陆⋯ Ⅲ.①数字技术-应用-新闻工作 Ⅳ.①G21-39

中国版本图书馆 CIP 数据核字(2022)第 257875 号

审图号:GS(2023)2441 号

可视化新闻:数字新闻生产的创新与前瞻
KESHIHUA XINWEN:SHUZI XINWEN SHENGCHAN DE CHUANGXIN YU QIANZHAN
徐蓓蓓　陆　晔　主编
陆　晔　尤莼洁　肖书瑶　李彤彤　李梦颖　著
责任编辑/朱安奇

复旦大学出版社有限公司出版发行
上海市国权路 579 号　邮编:200433
网址:fupnet@fudanpress.com　http://www.fudanpress.com
门市零售:86-21-65102580　团体订购:86-21-65104505
出版部电话:86-21-65642845
上海丽佳制版印刷有限公司

开本 787×960　1/16　印张 16.5　字数 237 千
2023 年 8 月第 1 版
2023 年 8 月第 1 版第 1 次印刷

ISBN 978-7-309-16683-5/G·2463
定价:98.00 元

如有印装质量问题,请向复旦大学出版社有限公司出版部调换。
版权所有　侵权必究